牛津非常短講 016

# 人口學

# Demography

A Very Short Introduction


莎拉・哈波——著
Sarah Harper
李祐寧——譯　葉高華——審定　鄭力軒——引言
洪廣冀——系列總引言

# 目　次

系列總引言

# 來吧，來認識「周遭」：二十一世紀的環境課

洪廣冀｜臺灣大學地理環境資源學系副教授

《二十一世紀的環境課》包含六個主題，同時也是六本小書，分別是《生物地理學》、《入侵物種》、《火》、《都市計劃》、《人口學》與《冷戰》。這是左岸文化編輯室為台灣讀者精心構思的課程，也是繼《二十世紀的主義們》、《二十一世紀的人生難題》後的第三門課。

《二十一世紀的環境課》的六本指定閱讀均出自牛津大學出版社的Very Short Introduction書系。如書系名所示，這些書都非常短，文字洗鍊，由各領域的中堅學者撰寫，如同進入各領域的敲門磚或拱心石（keystone）。

在規劃《二十一世紀的環境課》時，編輯室聘請優秀譯者翻譯，同時也為每本書找了專業審定者，並請他們撰寫導讀。審定者與導讀者都是一時之選；如《生物地理學》是由《通往世界的植物》、《橫斷臺灣》的作者游旨价翻譯與導讀，《入侵物種》則是中山大學的生物學者顏聖紘、《人口學》是政治大學社會學者鄭力軒、《火》為生物多樣性研究所的生物學家林大利、《都市計劃》為成功大學都市計劃學系的黃偉茹、《冷戰》為中研院近史所的陳冠任。在閱讀《二十一世紀的環境課》六本小書時，搭配這些由名家撰寫的導讀，讀者不僅可以很快進入各書主題，更可藉此思考這些主題與台灣的關係。

我是個環境史研究者，一直在臺灣大學地理環境資源學系開設環境史及科技與社會等相關課程。跟編輯幾次交流，並詳讀她規劃的六本指定閱讀後，我深受啟發，也想把這堂課推薦給各位。

## 什麼是「環境」？

既然這門課叫做「二十一世紀的環境課」，我想我就從「環境」（environment）這個關鍵字開始。

艾蒂安・本森（Etienne S. Benson）是一位環境史家，目前擔任德國馬克斯普朗克科學史研究所的所長。二〇二〇年，他出版《周遭：環境與環境主義的一段歷史》（*Surroundings: A History of Environments and Environmentalisms*）。當中，他拋出一個很有意思的問題：到底什麼是環境（environment）？為什麼人們不乾脆用「自然」（nature）就好？環境，顧名思義，就是周遭（surroundings）的意思；若是如此，人們是在什麼時候意識到的此「周遭」的重要性？環境是透過什麼樣的科學實作（如觀察、測量、監測）而成為一個人們可以與之互動的「東西」？

本森表示，環境史研究者花了很多時間探討環境主義的起源、自然的含義、不同政治與社會制度對於環境的影響，但他們彷彿把「環境」當成不證自明的「背景」。本森認為，在英文的科學文獻中，環境一詞在十九世紀下半葉大量出現；用來指涉生物（organism）得面對與適應的外在限制。以社會達爾文主義（social Darwinism）聞名的社會理論家赫伯特・史賓賽（Hebert Spencer）便是這樣看待環境。本森認為，這是個值得注意的現象。在史賓賽及其同代人之前，人們會使用「環境」這個字，但少有自然哲學家（natural philosophers，類似今日的科學家）會把這個詞當成一回事。對他們而言，環境就是某種可有可無、邊邊角角的存在。

本森認為，即便環境在十九世紀下半葉大量出現在英文科學文獻中，但此現象仍有其「前史」。他指出，關鍵在於十八世紀末至十九世紀初博物學（natural history）的急遽發展，特別是以巴黎自然史博物館為中心的「功能式」（functional）博物學。此博物學的奠基者為居維葉（Georges Cuvier，1769–1832）。拜拿破崙之賜，當時的法國是個不折不扣的帝國，而巴黎自然史博物館是個為帝國服務、清點帝國究竟掌握多少資源的計算中心。居維葉發展出一種新穎的分類法，即從器官（organ）的型態與彼此的關係出發，探討其功能，說明由器官構成的生物（organism）如何地適應環境。本森指出，即是在此氛圍下，環境再也不被視為背景或脈絡，反倒是生物得去試著適應的對象，且此適應也會表現在器官的型態與器官間的關係上。

事實上，本森指出，英文的環境，即environment，本來就是法文。即便當時的法國人傾向使用milieu一詞，但environment一詞就此傳播開來。他也認為，環境一詞歷經熱帶醫學、生態學、生物圈、系統科學等學科的洗禮與洗練，經歷百餘年的演化後，於一九七〇年代被卡森（Rachel Carson，1907–1964）等生態學者援用，於《寂靜的春天》（*Silent Spring*，1962）等暢銷書中賦予更深遠的意義。時至今日，當我們提到環境時，我們不會認為這只是個背景或脈絡，反倒是與生命緊密相連、息息相關的「周遭」。此「周遭」包覆著人與其他的生命；有了此「周遭」的存在，人與其他的生命也彼此相連，形成環環相扣的整體。

## 六個子題

《二十一世紀的環境課》共有六堂課，每堂課都有一本指定閱讀。透過這六本書，我們可以掌握環境一詞的歷史演變：在面對當代環境議題時，我們也需要具備的概念與實作技巧。

第一門課是《生物地理學》。生物地理學是一門探討生物之空間分布的學問，為理解演化生物學與生態學的鑰匙。人們一度相信，物種之分布呈現造物者的「計畫」；在此視野下，物種與環境如同造物者的棋子與棋盤。生物地理學的興起挑戰這樣的見解。當造物者逐漸隱身的時候，就是環境與物種的「能動性」浮現於歷史舞臺之時。我們將探討當代生物地理學主要取向與研究方法，也會了解當代生態保育的核心概念與手段。

第二門課是《入侵物種》。為何某些物種會被視為「入侵」？在本堂課中，各位將學到，「入侵物種」不是個不證自明的類別，既牽涉到人類之於特定生態系的破壞、眾多政策的非預期後果、商業與貿易網絡的擴張等。要了解什麼是入侵物種，並進而防治它，減低對特定生態系的危害，我們得同時採用生態系經營的視野，輔以人文社會科學的分析與政策工具。「入侵物種」同時也帶出當代環境倫理的思考。到底哪些物種算是「原生」，哪些又是入侵？若遷徙與越界本來就是生命的常態，我們該如何劃下那條分開原生與入侵種的界線？到頭來，這些議題都牽涉到，同樣為生物體的人們，究竟活在什麼樣的環境中，且如何照料與我們同處在同一個環境中的非人物種，反思我們與這些非人的關係。

第三門課為《火》。火是一種能量的形式，是人類得以打造文明的開端，同時也是對人類文明的莫大威脅。火本身乃至於火營造的環境，同時也是眾多生靈得以落地生根的關鍵因素。人乃至於其他生物與火的關係為何？火之於特定生態系的作用為何？人該如何駕馭火，該駕馭到什麼程度？太陽是團火，生命其實也如同火；因人類活動而誘發的氣候變遷，也開始讓地球如同著火般地燥熱。環繞在火而展開的「火成生態學」、「火成多樣性」與氣候變遷生態學，是當代環境管理的新視野。這門課將帶領各位一窺這些新興領域的堂奧。

第四門課為《人口學》。論及環境思潮的發展，十九世紀中葉的「達爾文革命」是個重要的分水嶺。然而，少為人知的是，在提出演化論時，達爾文重要的靈感來源為英國政治經濟學者馬爾薩斯的人口學。馬爾薩斯的見解很簡單：人口是以等比級數增長，糧食則為等差級數，即糧食的稀缺是必然的，人口也必然面臨貧窮與饑荒等危機。二戰後，當環境學者在思考該如何保護環境時，「人口炸彈」同樣為重要的參考對象。換言之，人口學與環境科學可說是一枚銅板的兩面。

這是為什麼我們得多了解一些人口學的核心概念與研究方法。在本堂課中，我們會學到人口轉型理論的梗概、高齡化社會的挑戰、移民、世代公平等議題。人口結構涉及面向之廣，從社會、文化、經濟、科技至氣候變遷，都與人口學息息相關。我們也將學到，人口學處理的不是只有數據，得出的結果也不是只有繪製人口金字塔；如《人口學》一書的結論所示：唯有正視人口結構與地球資源的限度，我們才能規劃與期待更為公義與永續的未來。

第五門課為《都市計劃》。隨著人口增加與工業發展，都市成為人類生活的主要環境。與之同時，都市生態學者也告訴我們，都市也成為眾多野生動物的棲地。在二十一世紀的今日，郊狼不只出沒於沙漠與山區，更活躍於中央公園、芝加哥與洛杉磯等大都市。當代的都市計劃已不能只針對人，還有各式各樣的非人物種。但要如何著手？若都市並非全然「不自然」，反倒是人為與自然交會的複合場域，我們要如何重新思考都市、都市的生活韌性與空間正義等議題？《都市計劃》帶領讀者回溯這個學科的起源與發展，同時也為如此介於自然與人為、集結人與非人的新都市，提供了可能的規劃視野。

第六門課為《冷戰》。我們迎來《二十一世紀的環境課》的最後一課。狹義地說，冷戰係指一九四五年二戰結束後，美國與蘇聯在政治體制、經濟模式、價值觀與意識形態上的深層對抗，這場衝突雖然未全面爆發為熱戰，卻長達近半世紀，深刻地形塑了全球局勢的樣貌與分布。藉由閱讀《冷戰》，我們將學到，冷戰不只是兩大陣營之間的軍事與外交對峙，更是一場全面滲透政治、經濟、文化與科學領域的「地球尺度」之戰。透過氣象衛星、全球監測網絡、糧食技術、人口政策等手段，美國與蘇聯試圖在各地建立其秩序與影響力。環境治理、資源開發、甚至公共衛生與教育制度都成為意識形態較勁的延伸場域。

事實上，正是在冷戰的氛圍中，「環境」一詞被賦予了今日我們熟悉的意義。若沒有冷戰誘發的軍事與太空競賽，我們難以從太空中望著地球，在感嘆這顆藍色星球是多美的同時，焦慮著這個乘客數量急速爆炸的太空船，是如此的岌岌可危。環境研究者也不會有諸如同位素、地理定位系統（geographical positioning system, GPS）等工具，以超越人類感官的精細度，探索超越人類可以理解的龐大環境，並建構當中的運作機制。當代對環境的認識可說是某種「冷戰遺產」；雖說冷戰已經遠颺，但各式各樣新型態的戰爭（如資訊戰）卻彷彿成為人們的新日常。我們需要新的環境見解；回望冷戰與冷戰帶動的社會、經濟、文化與生態變遷，是二十一世紀環境課的結束，同時也是我們掌握下一個世紀的起點。

## 認識周遭

從《生物地理學》至《冷戰》，《二十一世紀的環境課》的六門課程環環相扣，直指環境是什麼，如何從原本的「背景」、「脈絡」與「周遭」演化為我們現在理解的環境。你或許會說，我本身是學人文社會或自然科學的，到底為什麼需要修這堂「環境課」？對此，容我回到環境這個詞的原意：周遭與包圍。

為什麼我們需要關注環境，環境一詞又如何脫穎而出，成為當代世界的關鍵詞？關鍵或許在於人想要了解自己的渴望。當我們了解周遭的山岳、河川、空氣、森林、動物與植物等，不再是位於某處等著我們去「發現」或「征服」的「自然」，反倒是一床輕薄的棉被，包裹著我們，我們自然而然地想要珍惜它，回味它為身體帶來的觸感，乃至於那種被抱著的親密感。我們也會想問，這個被環境包裹著的你我，究竟是什麼樣的存在。我想起了地理學者喜歡講的一則希臘神話。Chthonia是大地女神，嫁給了宙斯。在迎娶Chthonia時，宙斯將一塊他親自織成的布（pharos）披在她身上。這塊布上繪有陸地與海洋的圖像，而Chthonia也在這過程中逐漸成形，成為孕育陸地與海洋萬物的身體。她從原初的未定形狀，化為大地與生命的來源，最終轉化為蓋婭（Gaia），也就是萬物之母。

地理學者愛這個故事，因為這塊pharos後來有個正式名稱：mappa mundi，即世界地圖。

根本上，這是個發現土地、認識土地的故事，而這個過程需要地圖，同時也產製了更多地圖。期待《二十一世紀的環境課》可以是這樣的地圖。你不是按圖索驥地去發現環境，因為環境就不是躺在某處、等著你去發現的「物」。如同宙斯的pharos，這六冊書讓你想認識的環境有了更清楚的形體，讓你得以在當中徜徉與探索。當你歸來時，你將感到環境離你更近了一些，成為了你的「周遭」。你雀躍著，你想念著一趟趟旅程為你帶來的啟發，開始規劃下一趟旅程。

# 引言
# 為什麼討論「人口學」對台灣很重要？

鄭力軒｜政治大學社會系教授

人口學是現代社會的重要一環。現代國家需要透過對人口的充分掌握與估計來進行包括軍事動員、財政、社會福利、公共衛生等工作。唯有掌握人口動態，國家方得以徵稅徵兵，投入國家間的對抗與競爭。人口的變遷也深刻改變了社會生活的基本預設。台灣人口學先驅陳紹馨教授早在七十年前就指出，唯有不再將人的生與死視為天命或神意所致，而是視之為可以透過社會集體改變的課題，才會產生改善死亡率或是降低生育率的集體行動，進而帶來人口轉型。在此同時，唯有當人們不再擔心自己或自己子女隨時會死亡，將個體生命的持續視為一個生活中理所當然的前提時，也才能讓社會文化更進一步發展。從知識的發展而言，人口學的發展一方面需要近代的數學觀念，另一方面也需要詳實完整的人口資料，兩者都需要現代教育與行政體制的高度發展，可以說人口學的出現是現代社會科學的重要里程碑。這本小冊子兼顧了歷史的縱深與題材的完整性，提供了相當清晰的介紹，筆者僅就台灣的脈絡做一些補充。

## 台灣的人口與現代人口學的交會

台灣的人口現象在人口學的過程中具有相當特殊的地位。首先，在十八世紀歐洲學人開始關注人口現象時，早期傳教士對台灣原住民各種生育習俗的紀錄，特別是關於西拉雅墮胎的習俗，成為西方思想家理解「原始社會」人口控制方法的重要素材。陳紹馨教授在一九三五年所發表的〈西洋古文獻所呈現的台灣〉（西洋古文献に現はれたる台灣）即整理西方歷史上提及這些議題的論著，而專研台灣原住民歷史的人類學教授邵式柏（John Shepherd）也於一九九五年發表*Marriage and Mandatory Abortion among the 17th century Siraya*一書，一定程度延續了歐洲學人在十八世紀所感興趣的西拉雅人口現象。

日本統治時期透過普查以及其他詳盡調查所建立的人口資料，也讓台灣的人口現象成為國際人口轉型研究的重要素材。除了日本政府與學者所進行的各項分析外[1]，這些資料也引起了美國人口學者的興趣。普林斯頓大學重量級人口學者Irene Taueber[2]，早在二戰尚未結束的一九四四年時就發表〈Colonial Demography: Formosa〉一文，討論台灣人口資料與現象的重要性[3]。一九四八年Irene Taueber與人口轉型研究大師Frank Notestein來台，與台灣政府與學人建立聯繫而開始使用日本時期的人口資料，開展一系列研究。代表作是由普大畢業的George Barclay在一九五四年所發表*Colonial Develop-*

1 佐藤正広，2012，《帝国日本と統計調查一統治初期台湾の専門家集団》，岩波書店。

2 Irene Taueber曾任美國人口學會會長以及國際人口學會副會長，現今美國人口學會的最重要獎項就是Irene Taueber獎，足見其影響力。

3 Irene Taueber. 1944. “Colonial Demography：Formosa”. *Population Index* Vol.10, No.4, pp.147-157.

*ment and Population in Taiwan*一書[4]，完整地呈現了日治時代台灣人口的變遷，特別是指出一九二〇年代以降台灣成年人死亡率大幅降低的重要現象。在這本書的序言中，Frank Notestein特別指出台灣封閉人口的特徵足以作為人口轉型研究的實驗室，凸顯出對台灣人口資料的重視。在此同時，與這批學者互動密切、台灣本土出身的陳紹馨以及中國大陸出身的陳正祥兩位學者也利用日治時期人口資料發表一系列論文。而陳紹馨日後影響力巨大的〈中國社會文化的實驗室——台灣〉一文，也是建立在台灣人口資料在社會科學上的重要價值。值得注意的是這個時期國際人口轉型相關研究正起步，而流行病轉型等概念尚未誕生，台灣人口學的先驅研究已有類似的洞見，與國際相較毫不遜色。近年在中研院歷史人口計畫[5]的推動下，包括楊文山、葉高華等學者都持續利用日治時期人口資料進行許多相當重要的研究，可說

---

4 George Barclay, 1954, *Colonial Development and Population in Taiwan*. Princeton University Press.

5 計畫內容請見https://www.ioe.sinica.edu.tw/index.aspx?SiteID=1130253423514047143 取用於2024/12/06。

一定程度上傳承了這個知識關懷。

台灣人口現象與國際人口學的第三個重大交會則是一九六〇年代所展開的家庭計畫。這個時期，發展中國家在死亡率快速降低但生育率仍然居高不下之下，人口快速增長，人口爆炸成為各界擔憂的重大問題，而由國際機構開始在發展中國家推展節育以抑制人口增長，而台灣家庭計畫是其中最成功的案例之一，台灣經驗也成為學術上的重要案例。在這個階段，一方面美國以密西根大學以及俗譯為紐約人口局的Population Council以台灣作為推廣家庭計畫與人口研究的重要基地，另一方面在台灣方面則是在孫得雄、張明正等學者的參與下，對台灣人口特別是生育率的變動進行詳細的研究，這個歷史過程在孫得雄等學者所著《台灣的人口奇蹟——家庭計畫政策成功探源》[6]中有相當完整的討論。在台灣家庭計畫高度成功以及國內外學者豐富的研究成果下，台灣的人口資料與現象成為國外人口學課堂，特別是生

6 陳肇男、孫得雄、李棟明，2003，《台灣的人口奇蹟——家庭計畫政策成功探源》，中央研究院。

育率研究必讀的議題。一九九三年美國人口學會會長 Albert I. Hermalin就相當罕見地以台灣人口現象為就任演說的主題[7]，而形式人口學大師John Bongarrts對於生育率步調效果（tempo effect）的開創性論文，也是以台灣的資料作為驗證估計方法的基礎[8]，顯示出國際人口學者對台灣人口變遷與資料的嫻熟。

隨著台灣人口轉型完成，國外學者也逐漸將相關研究興趣轉移到其他國家。而在此同時，台灣自身也已形成高度專業化的人口學社群，包括生育、死亡、高齡化、遷移、人口推計、數學人口模型等諸多人口學課題都有相當優秀的專家以及豐碩的成果出現。可以說當代台灣人口學的發展仍然方興未艾，在高度與國際接軌下走向更成熟健康的學術環境。

---

7 Albert I. Hermalin. 1993. “Fertility and Family Planning Among the Elderly in Taiwan, or Integrating the Demography of Aging into Population Studies”. *Demography*, Vol. 30, No. 4, pp. 507-518.

8 John Bongaarts & Griffith Feeney. 1998. “On the Quantum and Tempo of Fertility”. *Population and Development Review*, Vol. 24, No. 2, pp. 271-291.

## 人口學在當代台灣社會的意義

除了知識的發展外，人口學在當代台灣社會中有甚麼意義？筆者認為，除了專業知識的發展外，人口學的基本概念以及對台灣人口的基本知識，應當成為當代必備的公民素養，做為台灣社會自我理解的重要基礎。首先，當代台灣社會所面臨最巨大的問題之一就是少子高齡化，隨著台灣人口已邁入負成長的階段，對諸多政策領域產生了前所未見的衝擊。除此之外，人口學的思維，也就是關注年齡、世代、生育與死亡等變數的影響，也在許多公共政策議題上扮演關鍵角色。舉凡健保與年金的規劃、疫苗風險的評估、教育政策的規劃，勞動力市場政策乃至於都市計劃與住宅政策，無一不需要建立在對人口現象的掌握上。即以疫情期間疫苗政策為例，大眾對於疫苗副作用的過度恐慌，除了媒體的推波助瀾外，一定程度也來自於對高齡化下死亡現象的陌生。同樣的，在年改、勞保與健保等各項保險的爭論中，年齡結構所帶來財務負擔的變動，也是鮮少被討論的議題，而淪為各方的喊價標的。二〇二四年台灣人口學會發表公開聲明，呼籲政府應效法日、韓設立跨部會的人口專責組織[9]，凸現出問題的急迫性以及人口學的當代重要性。而台灣作為民主國家，公共政策的形成早已無法透過上而下單向的灌輸，也必須仰賴公眾對相關人口問題有一定程度的理解，人口學知識的傳播更為迫切。從這角度來看，提升社會整體對人口現象的認識是一個日益迫切的課題，這本小冊子提供非常好的起點。

9 相關新聞請見https://www.cna.com.tw/news/aopl/202406290148.aspx。

# 第一章

# 人口就是命運……真的嗎？

時間回溯至第一次世界大戰爆發時，法國與俄國的結盟扮演了極重要的角色。儘管政治忠誠為雙方結盟的主因，但法國在人口競爭上落後於德國，也被視作這場結盟背後的原因。法國得到俄國大量的軍力支援，並以資金和技術作為回報。二十世紀下半葉，由於出生人口逐漸無法確保人口替代，英國也在二十一世紀走向了多元文化社會。這促使其前殖民地的移民以勞動力獲取資本移轉而來到英國。日本早期的經濟成功，部分也必須歸功於人口稠密，讓技術轉移總能即時進行。就某種程度而言，政治結盟、文化變遷和經濟成長，全都與該國的人口結構息息相關。

「人口就是命運」此一概念的起源存在著爭議。儘管如今很少人仍堅持這種決定論的觀點，但確實有愈來愈多人認為，人口變遷在我們的政治體系、經濟運作與社會發展中，無論是在地方、國家、區域或全球層面，皆扮演著關鍵角色。

雖然有許多學科如人類學、社會學和心理學的研究，聚焦在人身上，但人口學的核心則是以人口改變的驅動力——亦即死亡、出生和遷徙——為主軸，以及人口如何在這些因素的交織下發生改變。這些人口驅動力的交互影響，導致人口規模、組成、密度和分布出現各式各樣的結果，且在國家或區域之內、以及國家和區域之間也會有所不同。這些力量大幅影響其組建的社會與社群，也包括了建構這些社會與社群的每一分子。舉例來看，每個人的出生世代，該世代的人口組成，與其他地區同時出生者，以及前後世代之間的關係，都會對此個體生命產生強烈的影響。此外，孕育著這趟人生之旅的經濟與政治結構環境也會受到影響，決定個體該如何獲得社會與自然資源，如食物、水、教育、工作、性伴侶，甚至是其生命長短。

十七世紀中葉的英格蘭，既是一個革新與發現的時代，也是瘟疫與死亡的時代。這兩個條件同時催生了人口學。皇家學會於一六六〇年成立，致力於「經驗觀察與實驗」；牛頓和其劍橋的同事們，發展出微積分、力學以及重力理論。找出能解釋上帝在物理及物理世界中存在痕跡的數學公式，是發現更多能解釋祂對全體人類更深遠計畫藍圖的途徑。瘟疫的無情蔓延，讓死亡無所不在。發布倫敦每週喪禮數量的《死亡週報》，提供了探討上帝創造人時所內建的生死法則的最佳資訊來源。商人約翰・葛蘭特（John Graunt）利用這些數據，在一六六二年時創造出第一份原始生命表，這也成為人口學最初的研究。地球、海洋和天空的法則，加入了生命與死亡的數學法則。儘管過去數世紀以來，人口學已經發展出涵蓋廣泛理論與方法的領域，探索人口如何成長、繁衍和變遷的基本原則，其核心深處仍舊企圖找出能解釋人類生命長短的數學法則；一個能與數學、演化生物學及遺傳學共享研究成果的學科。

當代人口學或許可被細分為三大獨立研究領域。第一類是研究過去或當前人口特徵（關於其規模與組成），特別關注在年齡、性別、婚姻狀態、教育、空間分布、族群和社經團體的準則。第二類著重在直接影響這些組成的不同過程，主要為生育、死亡和遷徙，有時也被稱作人口驅動力。第三類則是關注這些靜態特徵與動態過程間的關係，及其與之相互影響的社會、經濟與文化環境。

當代學者認為，現代人口學在社會科學中占有特殊地位。與其他社會學門如社會學或心理學不同，人口學分析的單位非常明確——人。此外，支配主要人口過程——繁衍和死亡（出生率和死亡率）的人類行為律則，與其他諸多行為過程相比，更有規律。第三，當代人口學是一門真正的跨學科研究，因其極仰賴其他社會科學來解釋人口結果。

在這本《人口學：牛津非常短講》中，我將從全球人口隨時空演變的方式開始探索，分析人口如何在經歷了數千年儘管規模很小、但穩定的成長後，於兩百多年前開始轉變，全球人口劇烈成長。在兩萬年前的最後一次冰河時期末期，據推測約有一百萬名「智人」四散在歐洲、非洲和亞洲。在接下來的一萬五千年間，由於農業、定居和文明的出現，人類經濟與社會有了戲劇性的推進。到了西元前五千年，全球人口估計來到五百萬，且各大洲都有人類的足跡。接下來，人類數量又花了七千年，才於西元一八〇〇年左右來到了十億。

都市化與工業化的出現，讓人口開始穩定地成長。自一七〇〇年開始，死亡率開始進入漫長的下降期：貿易、農業和工業革命提高了生活水準，公共衛生的倡導降低新生兒與兒童的死亡率。人口在一九〇〇年代早期翻倍，攀上二十億（約一九三〇年），並於五十年內再次翻倍，來到四十億（一九七五年），千禧年時更成長到六十億。當前全球人口約莫為七十億，並預測將於本世紀內成長到約莫一百億。

接著，我將審視人口學此一學門的發展，了解誰是主要的理論家，何以他們對人口學產生興趣，又如何在數世紀間形塑了人口學這門學問的輪廓。如同我提過的，人口學的正式研究可以回溯至十七世紀中葉葛蘭特那份原始生命表。而其他人接起了這份任務，到了十九世紀，數學估算也已臻於成熟且獲得廣泛認可。理論上而言，托馬斯．馬爾薩斯（Thomas Robert Malthus）提出了人口無限制增長可能帶來的後果，並因此被許多人視為人口學研究的真正奠基者。

其中一大爭議點圍繞在人口轉型（一次或多次）。這是當國家從高死亡率與高出生率交互平衡的穩定狀態下，演變成低死亡率與低出生率時所出現的一連串改變。關於此種轉變的時機與驅動力，理論家之間仍有激烈爭論。我們將探討人口學家用以理解這些過程的工具與資料。

到了二十世紀初期，隨著人口學出現在大學課程中、重要理論家獲得認可、以及一套清晰的方法與技術發展出來後，人口學正式被視為一門獨立的研究領域。除此之外，我們也將認識新的人口學次領域。近幾十年來，我們見到了人口學被納入其他領域內（如社會學、歷史學、經濟學）的研究，也見到次領域的發展。生物人口學、人口經濟學、人口地理學、社會人口學和人類人口學等研究經濟、社會、文化和生物過程對人口影響的研究，皆成為廣泛人口學研究的一部分。這讓人們能運用跨學科的方法來解決當代諸多議題，並透過人口學的預測能力規劃未來。

所有國家都有人口政策嗎？在理解二十一世紀所面

臨的某些重大人口挑戰之前，我們會先審視部分政策。撒哈拉以南非洲的生育率會掉到與人口替代率相等的水準嗎？倘若沒有，又會有什麼樣的後果？世界上不同區域的環境、人口與消費關係是怎麼樣的？我們該如何為二〇五〇年所預測的九十億或一百億人口提供食物與水？全球人口老化會帶來什麼樣的影響？

本質上為一門數理科學的人口學，正試圖解決這其中的某些重大挑戰。人口學或許不是命運，但能為二十一世紀的政府與政策制定者提供必要的科學證據。

# 第二章

# 從五萬五千到七十億

我們如今所了解的人口，始於一百萬年前左右；一百二十萬年前，約莫有五萬五千人，而所有人類皆為他們的後代。其中包括了數個人種，如非洲的「匠人」和東亞的「直立人」。新的基因證據正在改變我們對人類演化的理解。這些證據指出所有現代人——無論是不是非洲人，都是十萬年前同一批人口的後代。這推翻了之前認為非洲人更早就與其他非洲以外的人分開的理論。

此外，這些資料也指出，智人於六萬年前左右離開非洲後，非洲人與非非洲人間透過異種交配分享遺傳物質的行為仍繼續發生，直至兩萬至四萬年前。

而且，骨頭與工具的綜合年代測定也指出，現代人最早約於四萬五千年左右來到歐洲，並與尼安德塔人一起生活了近五千年，甚至還有思想與文化的交流。基因證據也證明了這些人口隨後與尼安德塔人異種交配，當代歐洲人甚至擁有高達5%的尼安德塔人DNA。研究者認為尼安德塔人的數量在數千年中下滑，同時，現代人類的人口則出現成長。四萬年前出現的極端寒冷氣候，對這些定居的人口而言或許過於嚴苛，並最終導致其滅絕〔Box 1〕。

到了西元前三萬年，智人被認為是地球上唯一殘存的人種。據推測，在約莫兩萬年前、舊石器時代的最後一個冰河季末期（末次冰盛期），有將近一百萬人口四散在歐洲、非洲與亞洲。遺傳學證據指出，智人首次離開非洲進入歐洲時，歐洲原有的尼安德塔人就已顯著減少。人類已經遠及澳洲，但或許尚未觸及美洲。

## 劇烈的經濟與社會演化

在接下來的一萬五千年間，由於農業、定居和文明的出現，人類經濟與社會出現了巨幅改變。約莫一萬年前，出現了一段全球暖化期，冰層融解與縮小，人類

BOX 1

## 現代人是否為了成為優勢物種而屠殺尼安德塔人？

長久以來一直有個猜測，在現代人從非洲抵達歐洲後，是否將致命的非洲疾病引入，並追捕和屠殺居住在當地的尼安德塔人，導致後者在五百年內滅絕。現在，研究者認為這兩個人種事實上一起生活了長達五千年之久，獵捕同樣的動物，採集同樣的植物，並進行思想、技術與文化的交流。他們甚至異種交配，讓當代歐洲人口中存在著尼安德塔人的DNA。無論是考古學或遺傳證據都顯示，當現代人離開非洲、抵達歐洲之際，尼安德塔人已經處於人口衰退階段，且或許沒能捱過歐洲四萬年前左右出現的極端氣候變遷。

進入了「全新世」，直至今日仍是。最初，這帶來了中石器時代狩獵採集與新石器時代務農的文化時期，且有人認為農業的發展支持了此時期人口的持續增長。西元前一萬年左右，新石器時代革命的重大轉變（有時也稱作新石器時代人口轉型），則發生在人口從游牧式的狩獵採集走向定居農業的過程。這種轉變似乎是跨越各大洲、在各個時間點獨立發生——從歐洲和中東，再到近東、中國和中美洲。前舊石器時代的狩獵採集者多屬於獨立的小群體，易受當地食物供應的變化所影響。新石器時代的務農者則組織成規模更大、密度更高的人口集中區，且能透過累積過剩的物資來抵禦季節性饑荒。

有關此生產轉型期間、人口驟然膨脹的解釋，古典理論學派認為，無論是種植易於保存的營養穀物或馴服動物，這些新生產技術的創造和傳播，拓展了食物的供給，並保護人口免於營養不良。健康獲得提升的結果，就是死亡減少，人口成長。

然而，這個理論也遭遇挑戰，質疑者認為死亡率不但沒有下降，反而是上升，造成人口成長的唯一原因應為生育水準的上升。有人認為，人類從蔬果和肉類的混合雜食轉向對穀物的高度依賴後，飲食的營養價值下降了。此外，也有人提出高密度的定居型農業人口，只會讓寄生蟲和傳染性疾病更容易擴散。因此，與之前狩獵採集的人口相比，獲取較少營養的農業人口有更高的發病率和較短的預期壽命。

儘管如此，從游牧走向定居式生活的轉變，讓生育率出現成長。舉例來看，當代的非洲人類學研究指出，與同時期仍維持狩獵採集生活的婦女相比，定居式農業生活的婦女生下兩個孩子的時間間隔較短。對游牧民族來說，持續帶著嬰幼兒移動是一種負擔，但兒童勞動力卻是農業的寶貴資產。無論理論怎麼分析，人口確實出現巨幅成長，到了西元前五千年，全球人口據估計已來到五百萬，且各大洲皆有人定居〔Box 2〕。

這兩種理論都探究了經濟與社會生活方式如何影響人口的表現。另一種可能則是人口本身影響了人的行為。舉例來說，我們或許可以說大約一萬年前可供狩獵與採集的土地有限，人口壓力迫使當時的人們轉而去種植和採摘，以提高既有土地的生產力。也有人提出，狩獵採集者知道如何種植作物與採收，但一直到他們迫

BOX 2

### 今天的人口比以往任何時候都還多嗎？

儘管我們無法準確估計各歷史時期的人口數，但據人口資料局[1]的推測，大約曾有一千零七十億人存在過。當前地球上約有七十億人，這意味著每一個活著的人要對上十五個曾經活過並死去的人。人口學家認為，早在基督時代，這個星球上就已經曾有過七十億人了。

1 編按：人口資料局（Population Reference Bureau）是一家非營利組織，提供年度世界人口表，包含來自兩百多國的重要人口與健康數據。

於人口壓力而不得不轉而耕作前，這樣的改變並沒有發生。這些論點也有證據能支持——由於農耕遠比狩獵採集需要更多的人力，因此只有在必要的情況下才會被採用。

接下來的五千年間，新石器革命讓人口每隔兩千年就翻倍，並在西元一世紀時代邁向二億五千萬人。這與之前兩萬五千年間的數量相比，是非常可觀的成長，畢竟過去必須花上一萬年，人口才能翻倍。許多學者認為此成長與新技術的出現息息相關，這些新技術讓作物、動物和發明能向外傳播，也讓人類能沿著肥沃的地理軸線在歐亞大陸移動。例如，西元前三千年，東南亞地區發明了輪子，讓人和貨物能在新建造的道路上快速移動。同一時期，文字也在美索不達米亞及中國出現，幫助了思想與創新的傳播。這些都促進了新文明與大型帝國的出現，如鄂圖曼帝國、埃及王國、羅馬帝國和中國王朝。在羅馬帝國最興盛時，人口大約高達五千萬，且有些學者也認為羅馬本身就超過一百萬人。印度與中國也可能同樣有這麼多人。大型都市開始發展出管理與控制不斷增長人口的系統。這帶動了大規模的技術創新，像是大大提升食物供給的灌溉系統，供水、排水和公共衛生的規範，而數學與會計機制則規範了貿易。儘管人口在這些創新的幫助下成長，但面對疾病、饑荒和氣候變遷，人類還是非常脆弱，這讓快速增長的人口受到抑制。

在接下來的一千五百年間，人口成長出現劇烈的波動。我們可以看到，全球人口在西元五百年至九百年間沒有什麼成長，但在接下來的四百年間，世界各地的人口都開始攀升。羅馬不列顛[2]在進入西元初期時，約有一百萬人，但一千年後、《末日審判書》[3]寫就之時，人口仍舊維持一百萬。在第二個千年的頭三個世紀裡，許多地方迎來了人口的穩定成長與擴張。歐洲與非洲人口翻倍，亞洲與美洲的人口成長到一·五倍。舉例來看，英國人口在諾曼人統治下迅速成長，翻了四倍來到四百萬。錫蘭成熟的農耕系統推動人口巨幅成長，並於十二世紀達到高峰。西元初始擁有約莫七千萬人的中國，也在十二世紀攀上一億兩千萬人。

---

2 編按：羅馬不列顛（Roman Britain）指的是羅馬帝國占領統治下的不列顛尼亞省，占領時間從西元43至410年，最大範圍包括蘇格蘭中南部小部分地區、哈德良長城以南大部分英格蘭地區，以及部分威爾斯。

3 編按：《末日審判書》（*Doomsday Book*）是威廉一世征服英格蘭期間，為了掌握人口、土地分配、產業活動憨風俗習慣的全面調查，耗時兩年於1086年完成，既可讓統治者有效管理行政運作，也是完整稅務資料和法律仲裁標準。根據《末日審判書》的調查結果，英格蘭約有人口一百五十萬，其中九成以上是農民。

然而到了十四世紀，除了美洲以外的人口都開始下降。這或許是因為全球氣候的改變——歐洲氣候在此時期尤其嚴苛——這或許是自然對人口成長所帶來的人口壓力做出牽制，也或許是單純的巧合。十四世紀，從戈壁沙漠一路蔓延到中國、印度、中東和歐洲的傳染性瘟疫——黑死病，導致歐洲失去了三分之一的人口。隨後的三百年則是一段成長備受抑制的時期。

十六世紀歐洲人發現了美洲，並對當地原住民帶來了災難性的影響。美洲原住民以及北美的阿茲特克文明、南美的印加文明，在疾病、饑荒和戰爭的陰影下大規模滅亡。亞洲自一六〇〇年開始，經歷了一段成長，接著停滯。在一六〇〇至一七〇〇年間人口成長高達三倍的日本，卻又出現劇烈的下滑。相似地，中國人口在一七〇〇至一八〇〇年間出現翻倍，接著又再次慢下來。作為一個偉大的貿易帝國，中國轉向封閉，沒能像歐洲鄰居那樣迎來工業化，並輸給隨後在十九世紀中經歷人口爆炸的歐洲。

## 穩健擴張

接著在十八世紀末，歐洲出現了一項改變。人口成長的興衰穩定下來。高死亡率與高生育率開始下滑。婦女不再需要為了人口更替而生下五、六個小孩，因為過去的女性所產的嬰孩有半數無法成長到生育年齡。隨著各個生命階段的死亡率降低，歐洲進入了人口轉型。

到了十八世紀末，在人類定居的三萬年之後，全球人口來到了十億，且四散在世界各處。在一百年內，出生的嬰兒有半數將會進入生育年齡，且預期壽命繼續上升，世界人口開始穩健且持續地成長。一九三〇年，全球人口翻倍來到二十億，一九七五年再次翻倍到四十億，且估計將在二〇三〇年時再次翻倍。人口的分布也出現了改變。在一九〇〇年以前，亞洲人口一直占據全球人口的三分之二，此後則下降到57%。歐洲人口在一九〇〇年時成長到25%，但又在該世紀末時大幅跌到一成以下。非洲一直維持在15%上下，美洲則維持在10%上下。

放眼未來，預估亞洲與非洲的人口整體而言將繼續成長，而歐洲與北美則會繼續減少；據預測，二〇五〇年時的人口成長將有97%來自新興國家，主要分布在亞洲與拉丁美洲，以及開發程度最低的國家——主要是撒哈拉以南的非洲（sub-Saharan Africa）。二〇五〇年，亞洲人口會落在55%，也就是五十億人，而歐洲則會從七億四千萬下滑到七億零九百萬——僅占全球人口7%左右。

此外，鄉村移往都市的現象再加上自然增加，導致都市人口不成比例地暴增，此種情況在開發程度較低的國家尤其明顯。在十九世紀末時，全球人口僅有一成居住在都市。到了一九五〇年，都市人口來到29%，在跨入二〇〇〇年時超越50%，並預期在二〇二五年成長到75%。都市面積也同樣在擴大。一九五〇年時，僅有東京和紐約這兩座都市的人口數超過一千萬，如今則有二十八個人口超過千萬的巨型都市。有人預測在二〇三〇年時，將有四十一個人口超過一千萬的城市；其中有八座城市（僅有兩座是在已開發國家內）的人口將超過二千萬。

世界人口的年齡組成也會改變。根據六十歲以上人口多於十五歲以下人口的標準來看，歐洲已在二〇〇〇年時進入老化。亞洲的年輕人比率也將在二〇五〇年開始減少，屆時六十歲以上的人口將超過十億（占人口的20%），卻僅有不到十億人的年齡低於十五歲（占人口的19%）。同樣地，拉丁美洲和加勒比海地區六十歲以上的人口，將在二〇四〇年成長到20%，而低於十五歲的人口則下滑到19%。事實上，老齡人口與年輕人口將在二〇五〇年首度出現相等的情況——兩者皆為二十億，並各占世界人口的21%。然而，非洲將繼續成長並保持年輕。有人預測該區域人口將在二〇五〇年時，從十億成長到二十三億，且有三分之一的年齡為十五歲以下。

如同法國人口學家利維·巴茨（Massimo Livi Bacci）曾經說過的，「無論是舊石器時代的一百萬人、新石器時代的一千萬人、青銅器時代的一億人、工業革命的十億人，或我們可能於二十一世紀結束時締造的一百億人，其所意味的自然不可能僅僅只是單純的人口成長。」

# 第三章

# 人口學思想的奠基者

人口學的概念可以追溯至古代。「Demography」（人口學）這個詞彙源於希臘文的「demos」，意思是古希臘國家和所有古文明下的一般群眾，並進一步發展出描述人們與其社會組成之意。儘管如此，一般普遍認為，人口學起源於十七世紀中葉的英國統計學家約翰·葛蘭特——也就是人口學的創立者。甚至也有人認為，葛蘭特首度發表《對死亡週報的自然與政治觀察》一書的一六六二年二月二十七日，為人口學一詞的正式誕生日。雖然在這個日期之前就已有人口普查的說法（包含死亡數與出生數的資料），但這是首度檢驗這些數字內含的統計性規律的嘗試。

然而，考慮到這些創立並發展出「人口學」的理論家們所身處的社會與學術背景，不禁讓人大為驚嘆。自十七世紀那位充滿好奇心且務實的商人之後，接下來有占星術家、哲學家、統計學家、工程師和經濟學家，本章將探討的理論，即是集結了他們對此一研究的共同興趣。如同他們的背景是如此多元，促使他們著手研究的動機也各不相同。這個如今被視為正式學術研究的領域，是受市場調查、個人經濟利益、或絕大多數時候單純只是機緣巧合的刺激所誕生。

英國皇家學會在人口學發展初期扮演了重要的角色。倫敦的「皇家自然知識促進學會」成立於一六六〇年，致力於「經驗觀察與實驗，以自然世界與技術的研究為優先，社會研究次之」。人口學於二十世紀成為一門學科後，發生了重大的轉變，先是隸屬於數學與統計學的一部分，接著是大學課程的出現、人口學家的培訓，以及人口學正式被視為一門獨立的研究領域；一九二八年，國際人口問題科學研究聯合會（IUSIPP）成立。

## 約翰・葛蘭特（John Graunt, 1620-1674）

人口學的正式研究最早可以回溯至英國的「統計學家」約翰・葛蘭特。他於一六二〇年四月二十四日出生在倫敦，關於他的教育程度我們所知甚少，但普遍認為他並沒有上過大學。儘管缺乏正式的教育，葛蘭特傳記的作者約翰・奧布里描述他是一位聰明且好學的人，他無師自通法語和拉丁語也為眾人知曉。約翰・葛蘭特追隨父親亨利・葛蘭特的腳步，經營布料用品店，並在一六六六年成為富裕的倫敦商人。出於對自己潛在客戶組成的興趣，葛蘭特開始探討倫敦的人口特質。他研究了倫敦的教區紀錄，並於一六六二年發表《對死亡週報的自然與政治觀察》，其中包含了第一份最原始的生命表〔見表1〕，清晰簡潔地呈現了倫敦各教區蒐集記錄的會眾資料。儘管葛蘭特的方法今日看來過於簡化，但卻足以讓他能提取出有趣的人口趨勢。舉例來說，他的分析指出，男性的出生率與死亡率都高於女性；儘管有較多男性出生，活到「老年」的也較少。因此，葛蘭特指出，整體而言，成年男性與女性的人口數量是相當的。

表1｜葛蘭特的生命表

| 年齡層 | 該層級的死亡率 | 存活到下一年齡層的可能 |
|---|---|---|
| 0-6 | 0.36 | 1.00 |
| 7-16 | 0.24 | 0.64 |
| 17-26 | 0.15 | 0.40 |
| 27-36 | 0.09 | 0.25 |
| 37-46 | 0.06 | 0.16 |
| 47-56 | 0.04 | 0.10 |
| 57-66 | 0.03 | 0.06 |
| 67-76 | 0.02 | 0.03 |

葛蘭特的分析也讓他能「粗略地估計當前正值從軍年紀的男性有多少人、生育年齡的女性人數、總家庭數量，甚至是倫敦的人口」。他也可以推測每個年齡的存活率，因其數據指出死於五十歲的機率跟在二十歲一樣。因此，葛蘭特推論出死亡不僅僅與年齡有關，「瘟疫」勢必是一大關鍵。此一「瘟疫」——或更有可能地，多種不同的瘟疫一直在倫敦盛行著，這對當時正試圖建立一套系統防止瘟疫擴散的查理二世而言，是個重要的問題。一六六二年二月二十七日，「人口學誕生」的這天，葛蘭

特將他的生命表呈給皇家學會。兩個月後的四月二十六日，在國王親自舉薦下，葛蘭特成為皇家學會的成員。

雖然葛蘭特現今被視為人口學之父，但他一六七四年過世時卻窮困潦倒且名聲不佳。他晚年從喀爾文教派轉向天主教，又在一六六六年倫敦大火中失去店鋪，還有八卦誹謗他涉及這場大火（不太可能），他失去了眾人的青睞。在他過世後，人們甚至企圖讓他的舊識威廉・佩第爵士成為《對死亡週報的觀察》的作者。儘管佩第確實沒有寫出《對死亡週報的觀察》，但他的確以此為根基，做出許多貢獻。雖然葛蘭特在世時，世人的認同與賞識已經消退，但他的思維方式及對人口的興趣為今日的人口學鋪路。葛蘭特的表格造就了普遍登記出生、結婚與死亡原因的慣例，他確實是人口學名正言順的創始者。

## 威廉・佩第爵士（Sir William Petty, 1623-1687）

威廉・佩第爵士與葛蘭特同樣擁有一顆充滿好奇的心。他們對知識與科學研究的渴望，與皇家學會的成立一樣（佩第也是創始成員），都是十七世紀特色的縮影。佩第的出生背景甚至比葛蘭特更為不幸，他只是漢普郡窮布工的兒子。然而，財富與權力降臨了——他到萊頓、巴黎和牛津念大學，在牛津擔任解剖學教授，在倫敦教授音樂，成為議會成員，並於一六六一年被查理二世冊封為爵士。

佩第在十三歲時以服務生的身分登船出海，但在一次意外中摔斷腿，他被安置在法國口岸。佩第把握機會到耶穌會大學學習拉丁文，並接受語言和數學的良好教育。離開法國後，佩第到荷蘭習醫，再到巴黎念解剖學。在這裡，他成為科學家與哲學家－數學家社交圈的一分子，其中包括了巴斯卡（Blaise Pascal）和笛卡兒（René Descartes）。隔年，一六四六年，他返回英國，到牛津大學修讀醫學。五年內，另一個機會送上門來，他成為「克倫威爾軍團駐愛爾蘭的首席醫師」。抵達愛爾蘭時，佩第做出了另一項舉動——篡奪了朋友班傑明．沃斯利（Benjamin Worsley）醫生的職位，成為克倫威爾愛爾蘭領地的總勘測長。在二十年之內，佩第從一無所有的船艙服務生，躍升為愛爾蘭約十萬英畝充公土地的掌權者。

佩第對人口學的重要貢獻也出現在一六六二年，在葛蘭特出版生命表的同時，佩第發表了自己的〈賦稅論〉。佩第的作品著重在經濟方面，檢視國家在經濟上所扮演的角色，談到勞動價值論，並推測死亡率所代表的死亡對社會經濟造成的損失。佩第因此被視為政治算數（political arithmetic）——他認為這是對政府相關事務進行數字推論的藝術——的創始者之一，也提出許多至今仍在使用的經濟學概念（「充分就業」即為其中一例）。

## 愛德蒙・哈雷（Edmond Halley, 1656-1742）

愛德蒙・哈雷在天文學的貢獻遠比在人口學的貢獻更廣為人知。他計算出彗星軌道（這顆彗星後來被命名為哈雷彗星）的事蹟尤其出名。與威廉・佩第爵士一樣，哈雷的專業也很多元。除了天文學外，哈雷還從事製圖，出版了史上第一張氣象圖，也參與了艾薩克・牛頓一六八七年出版的《自然哲學的數學原理》。他對人口學的重要性表現在對死亡表的興趣，這替未來壽險更精確的生命表奠定了基礎。

一六五六年的十一月八日，愛德蒙・哈雷在倫敦近郊的肖迪奇（Shoreditch）誕生。哈雷的父親是一位成功的肥皂商，但跟葛蘭特一樣，在倫敦大火中失去了大部分的生意。幸運的是，哈雷的父親仍負擔得起讓他在家接受家庭教師的指導，並到倫敦的聖保羅學校念書。父親也鼓勵並資助他在天文方面的愛好，替他買了必要的天文學儀器。一六七三年，當哈雷於十七歲進入牛津的皇后學院時，他已經是一名「專業天文學家」。一六七八年十一月，年僅二十二歲的他獲選進入皇家學會，成為最年輕的成員。哈雷於一六八五年成為皇家學會《自然科學會報》的編輯，並在這段期間內以其對死亡表的興趣，為人口學做出了重大貢獻；他在一六九三年發表了德國小城布雷斯勞市（Breslau）——如今波蘭的弗羅茨瓦夫（Wrocław）——的死亡表，這是人口學上最早將死亡率與年齡做關連的作品，為英國政府提供合理的壽險費率的依據。然而，哈雷最大的興趣仍舊是天文學，一六九七年，他離開英國到大不列顛最南的領土——聖海倫娜島（St Helena），在其最大支持者查理二世的資助下，繪製南半球的星圖。

## 理查・普萊斯（Richard Price, 1723-1791）

理查・普萊斯生於一七二三年，是我們的理論家中第一個沒有接受理查二世國王贊助的人。普萊斯經歷了《大英百科全書》的首度出版（一七七一年），這套書是持續致力於探索的明證。普萊斯的交友圈進一部反映出其時代的活力，其中包括英國首相小威廉・皮特（William Pitt）、班傑明・富蘭克林（Benjamin Franklin）和啟蒙哲學家大衛・休姆（David Hume）。普萊斯對人口學的最大貢獻在於建立了科學的人壽保險及退休金系統。

普萊斯追隨父親瑞斯・普萊斯（Rice Price）牧師的腳步，成為公理會的牧師。普萊斯是「不從國教者」，他並未跟從已經確立的英國國教，而是選擇服事長老會。他是法國大革命與美國革命的狂熱支持者，並以其富爭議的觀點（他佈道時總吸引大批人潮）而廣為人知。普萊斯在〈論愛國〉（一七八九年）那場著名的佈道中，大力頌揚法國大革命，艾德蒙・柏克（Edmund Burke）的《法國大革命的反思》，就是對此的回應。如同佩第和哈雷，普萊斯對科學的興趣也很多元。他著迷於電學，並追隨友人約瑟夫・普利斯特里（Joseph Priestley）——氧氣的發現者——研究。

普萊斯對人口學的貢獻源於其熟識的貝葉斯先生[4]逝世。悲傷的家屬詢問普萊斯，能否仔細檢查亡故友人所寫的各種主題論文。一七六五年，普萊斯因為對機率的研究而入選皇家學會，他了解到貝葉斯那篇〈《機率論》[5]中一個問題的解決〉的重要性，並將此分享給皇家學會。貝葉斯的論文就像是一劑催化劑，讓普萊斯投入了對保險、人口學、財政和政治改革的研究。一七六九年，普萊斯寫給班傑明・富蘭克林一封信，提到對「預期壽命、人類的增加和倫敦人口」的看法。同年稍晚，他將自己的觀察發表在皇家學會的《自然科學會報》上。

普萊斯對人壽保險與老年退休金的科學系統研究，

---

4 編按：貝葉斯（Thomas Bayes, 1701-1761），他提出的貝式定理對現代的機率論與數理統計產生重大影響。

5 編按：〈《機率論》中一個問題的解決〉（Essay towards Solving a Problem in *The Doctrine of Chances*）文中討論的書——《機率論》（*The Doctrine of Chances*, 1718），是棣美弗（Abraham de Moivre, 1667-1754）的數學著作。

一七七一年出版為《保險金償付論》。這本書與隔年出版的《籲請全民關注國債》，合力促使小威廉・皮特重新成立償債基金以清償英國國債。普萊斯於一七七六年被授予「倫敦金融城榮譽市民」的身分，並在兩年後以財政顧問的身分獲得美國國會邀請。一七八一年，他與喬治・華盛頓（George Washington）同時獲頒耶魯學院[6]的法學博士。

## 托馬斯・馬爾薩斯（Thomas Malthus, 1766-1834）

時間來到一七九八年，全球人口已經悄悄靠近十億大關，只是還沒有人知道。現代人口學研究的奠基者托馬斯・馬爾薩斯說：

> 對人口持續的努力……物質供給尚未增加前，人口就已經成長。因此，過去可供給七百萬人溫飽的食物，如今必須由七百五十萬或八百萬人來均分。

---

6　編按：耶魯學院是耶魯大學1718-1887年間的正式校名。

窮人的處境必定更為辛苦，許多人也深陷悽苦之中。

此時正值愛爾蘭起義之時，法國大革命後，拿破崙的艦隊遠征海上，他的目的未知，動盪與饑荒籠罩著大地。自一七九八年的夏天之後，是接連十年的政治動盪期。一七九四年至一七九六年間糧食歉收及過高的糧價威脅農村的貧民，導致英格蘭被糧食暴動徹底癱瘓。勞工暴動大規模蔓延，生計受到威脅的農村工匠們破壞著新機械。在深感貧民的處境、勞動者的不安、激進主義蔓延的社會氛圍下，馬爾薩斯因此寫下這篇論文。馬爾薩斯是一位科學家，大自然由各種律則所構成，而科學家的職責就是為了人類的福祉，去發現並闡述這些規律。

馬爾薩斯於一七六六年二月十三日，誕生在一個繁榮的家族。和理查・普萊斯一樣，馬爾薩斯的父親也和大衛・休姆熟識，更是啟蒙哲學的追隨者。被形容為「經濟上的悲觀者」，馬爾薩斯在意識形態上與他的父親和普萊斯都不一樣。普萊斯支持法國大革命，而馬爾薩斯的信念卻可以被視為反對者。

馬爾薩斯一直是在家接受教育，直到一七八四年進入劍橋大學的耶穌學院，在學術上表現得極為出色。他於一七九一年獲得碩士學位，一七九三年獲選為耶穌學院院士，並在一七九七年接受聖職。一八〇五年，馬爾薩斯成為東印度公司位於赫特福德郡黑利柏瑞學院的歷史與政治經濟教授。這是英國史上頭一遭以世界政治經濟一詞來委任學術職位。一八一九年，馬爾薩斯獲選為皇家學會的成員。

一七九八年，馬爾薩斯匿名出版了第一版的《影響社會未來進步的人口原理，以及對高德溫先生、孔多塞先生等作者推測的評論》。馬爾薩斯認為人類對於社會幸福的無盡期望勢必會落空，因為生產力的成長速度將永遠趕不上人口成長的速度。

馬爾薩斯的前提是建立在一連串的假設之上。人類的存在缺乏不了食物；兩性之間的激情是必要的，且會一直維持現在的情況；人口將以等比級數成長，而糧食卻以比較慢的等差級數增加。當前的人口成長是受到「積極抑制」（positive checks）——戰爭、饑荒和瘟疫——所限。重要的是，人類必須採取多種「預防性抑制」（preventative checks）——克制、理性和遠見——來限制人口，以減輕痛苦，並提升人類福祉。

他對人類境況的立場深受法國大革命學說影響，也沾染了當時盛行的思維（如高德溫先生〔Mr. Godwin〕一派）——理性者最終能在沒有法律與組織約束的世界中繁榮且和諧地生活著。相較之下，馬爾薩斯本質上是一位經驗主義者，並以當時嚴峻的社會現實作為出發點。他的回應是在傳統的英國經濟學中（如今被視為比較偏社會學的）發展出來。儘管如此，馬爾薩斯的人口理論被納入了經濟學的理論系統中，扮演了為經濟樂觀主義煞車的角色，並證明了以勞動者最低生活需求來決定工資的理論正當性，而不鼓勵傳統的慈善形式。馬爾薩斯派的人口論，對英國社會政策產生強烈且即時的影響。當時人們普遍認為高出生率有助於國家福祉，然而，馬爾薩斯卻認為國家必須平衡「生產的能力與消費的意願」，才能將福祉最大化。

馬爾薩斯自然不可能知道，他所身處的是一個正值臨界點的世界。歐洲即將在大陸內部與海外新領地獲得新的可耕地，一方面透過移民緩解農村人口的壓力，一方面透過改進的運輸獲得的新食物來源。起源於法國的生育控制，逐漸在整個區域普及起來；這樣一來，即便兩性之間的激情無法被控制，至少激情過後的結果——出生，能得到控制。新的科技即將改變農業生產方式，食物的產量因此巨幅成長，並提供新的勞動來源。歐洲的人口轉型即將發生。儘管馬爾薩斯因為沒能預見農業革命、向外移民和生育控制避免了他所謂的災難性人口過剩預測而飽受抨擊，但他了解出生與死亡這兩個人口驅動力間的動態關係，並奠定了當代人口研究的基礎。

從約翰・葛蘭特到托馬斯・馬爾薩斯，在這些早期先驅的幫助下，形塑了我們對人口研究的理解。他們讓人們理解到，從人口學的角度去研究人類，就跟從醫學角度（理查・普萊斯）去瞭解人類，或如認識我們所居住的星球般（愛德蒙・哈雷），同等重要。這些基石成為發展分析性推理、數值問題與算數紀錄之間關係的核心。他們的工作雖然與風險及其評估的商業、法律和宗教用語密不可分，但或可說是構成現代機率理論的基礎。

# 第四章

# 統計與數學模型的加入

十九世紀的「人口學」研究，已經從約翰·葛蘭特的原始生命表演變成複雜的統計規律與岡珀茨及梅卡姆理論。在人口學的演化上，皇家學會仍沒有缺席，但隨著方法論的發展重心逐漸從英國移往歐洲、美國與澳洲後，其影響力開始式微至幾乎消失，且在國際人口問題科學研究聯合會於一九二七年成立後，人口學有了一個專業機構來形塑其未來。

儘管馬爾薩斯的人口論如今已不合時宜，但人類死亡率的第一個參數模型——岡珀茨－梅卡姆死亡定律，至今仍舊有效。該理論認為死亡率是與年齡無關的部分（梅卡姆項）和與年齡有關的部分（岡珀茨函數）的總和，且隨年齡的增長而呈指數增加。提出這項定律的人為班傑明・岡珀茨和威廉・梅卡姆。

## 班傑明・岡珀茨（Benjamin Gompertz, 1779-1865）

一七七九年三月五日，岡珀茨誕生於一個從荷蘭遷往英國的猶太商人家中。身為猶太人，他無法上大學，因此只能自學。他對數學有著濃厚的興趣，而他的學習方式就是「閱讀牛頓與馬克勞林」。岡珀茨的數學教育受益於他十八歲時加入的斯皮塔佛德數學協會（Spitalfields Mathematical Society，也就是後來的倫敦數學協會）。關於岡珀茨加入倫敦數學協會的趣事，從他遇到一名窮書店老闆開始。書店老闆約翰・格里菲斯（John Griffiths）是非常有天賦的數學家，岡珀茨跟他相談甚歡。兩人聊著天，岡珀茨請格里菲斯為他上幾堂課，格里菲斯反倒回說讓岡珀茨來教他可能還更合適，並建議岡珀茨加入協會。岡珀茨於是提出申請並獲選入，成為有史以來最年輕的成員。十三年後，岡珀茨於一八一〇年加入證券交易所，並於一八一九年成為皇家學會的院士。

岡珀茨對人口學最大的貢獻就是「岡珀茨死亡定

律」。儘管他不是第一位企圖以數學公式來表述死亡率的人，但他認為「死亡或許是兩個普遍共存的因素所導致的後果；第一個是機運，也就是沒有任何生病致死或身體惡化的傾向；另一個是身體惡化，或情況愈來愈差而無法承受的衰敗」，而此人將「持續累積各種病痛，或換句話說，死亡傾向提高」。岡珀茨推導出以下的公式，並認為其可以掌握死亡的強度：

$$q_x = B \cdot C^x$$

此處，$q$代表在確切年紀$x$死亡的機率，$B$和$C$則為常數。

岡珀茨的定律顯示死亡率呈等比級數成長。因此，在對數尺度上繪製死亡率時，就會得到一條被命名為岡珀茨函數的直線。一八三四年，岡珀茨成為皇家統計學會的創始成員之一。

## 威廉・梅卡姆（William Makeham, 1826-1891）

梅卡姆對人口學的最大貢獻在於其修正了岡珀茨的「死亡定律」（一八二五年）。在岡珀茨將自己的研究成果獻給皇家學會的四十多年後，梅卡姆提出以下的修正：

$$q_x = A + B \cdot C^x$$

「……其中，第三個常數A代表了與年齡無關的死亡因素。」因此，儘管岡珀茨認為死亡率隨年紀呈指數上升，梅卡姆的貢獻則在於其增加了一個與年齡無關的常數，一方面考量到與年齡無關的死亡，另一方面則引進第三個參數，完善了模型。梅卡姆的定律因此成為一個「精算規則：任何一位年齡超過二十歲者的死亡率，等同於一個常數加上簡單的年齡指數函數」。

一八六〇年至一九一〇年間，被視為人口學從統計學中浮現的過渡時期。一群跨國的人口學家——朗伯・凱特勒（Lambert Adolphe Jacques Quételet）、威廉・法爾、路易斯—阿道夫（Louis-Adolphe）和雅克・貝蒂榮（Jacques

Bertillon）父子、約瑟夫·柯羅斯（Joseph Körösi）、安德斯·尼古拉·基爾（Anders Nicolai Kiaer）、理查·伯克（Richard Böckh）、威爾赫姆·萊克希斯（Wilhelm Lexis）和路易吉·伯狄奧（Luigi Bodio），都為人口學的發展及人口學方法與分析，帶來了顯著的貢獻。

## 威廉·法爾（William Farr, 1807-1883）

威廉·法爾是一位英國流行病學家，且被視為醫學統計學的奠基者之一。他出生於施洛普郡，家境貧寒，在當地一位地主的贊助下接受教育，並在倫敦大學學院修讀醫學。當英格蘭與威爾斯的註冊總署於一八三八年成立時，威廉·法爾被任命為統計摘要的編輯者，後來被任命為統計局的局長。身為皇家學會成員，他也參與了一八五七年社會科學協會的成立。法爾被任命為一八五一年、一八六一年和一八七一年人口普查的助理署長，並寫下了這些年的人口普查報告，其中包括了第一份英國生命表的創建。這讓他能有機會接觸到完整的流行病學重要資料，以及英格蘭和威爾斯的人口數據。

法爾對一八四八至一八六七年三大流行病之一霍亂的研究，為監控該疾病的方法做出了極大貢獻。在一八四八至四九年間的流行病爆發期間，法爾針對霍亂重返英格蘭與威爾斯的情況做了透徹的研究。他發表的資料顯示了倫敦不同供水來源區域的死亡率，揭露了被泰晤士河汙水汙染最嚴重的區域，其死亡率也最高。他接著公開呼籲水公司改善供水品質。當霍亂於一八五三年再次現蹤倫敦時，法爾又根據倫敦不同水域來分析死亡率，並證明了水源供給獲得改善的區域，其死亡率低於鄰近區域。

法爾還發展出死亡原因的分類法，並對職業流行病做出重大貢獻，將特定職業的死亡率與一般大眾進行比較。最著名的莫過於在一八六四年，法爾將各年齡因肺部疾病死亡的一般男性數量與康瓦爾郡礦工的死亡數量進行比對，凸顯該處礦工的死亡率是多麼地不成比例，並推論出礦坑內的勞動環境是致病的主因。威廉·法爾至今仍舊是流行病學史上最偉大的人物之一。

## 法蘭西斯・高爾頓（Francis Galton, 1822-1911）和卡爾・皮爾森（Karl Pearson, 1857-1936）

漸漸地，人口學愈來愈受現代統計學所影響。法蘭西斯・高爾頓一八八九年出版的《自然遺傳》，以及卡爾・皮爾森一八九一年出版的《現代科學的範圍與概念》和一八九三年出版的《演化論的數理研究》，被視為對統計分析的重新關注與體認。高爾頓和皮爾森的研究引領了新的信念，也就是統計數據的分析能為許多科學問題找到答案。數據開始被大量地搜集，統計學發展如相關係數（correlation coefficient）及其他測量關連性的方法、卡方（chi square）的發明、以及對可能誤差公式愈來愈強調，都在為現代科學奠定基礎。一九二八年的費雪一蒂皮特「分布定律」，預示了大數據科學的時代。

## 羅納德・費雪爵士（Sir Ronald Aylmer Fisher, 1890-1962）

羅納德・費雪爵士在一八九〇年生於倫敦。十九歲時，費雪獲得至劍橋大學修讀數學的獎學金，並以天文學學士畢業。我們又一次在這些理論家身上看到對天文學的普遍喜愛。儘管乍看之下，此兩門學科截然不同，但其終極目標都是要增進對我們這個世界未知領域的了解，將龐雜的資訊簡化成可掌握的數據。依此觀點來看，人與星星之間的關連也就豁然開朗。

費雪求學期間開始對演化論感到興趣，並成為劍橋大學優生學協會的創始者之一。離開大學後，費雪開始教數學與物理，並被任命為羅塔姆斯特德研究站的統計員，在此進行植物配種實驗。一九三三年，費雪被選為倫敦大學學院高爾頓優生學教授，自一九四三年到一九五七年，擔任劍橋大學的貝爾福遺傳學教授。

費雪最重要的創舉是「提出變異數分析的概念」（ANOVA）。「費雪主要的想法是將實驗安排為一組分割的子實驗，每組子實驗都有一個或多個不同的因素或處理方式。藉由統計分析將結果的差異歸因於單一因素或多種因素的組合，這種子實驗的安排相較於當時一次只安排一個變因的普遍做法，無疑為極大的進步」（大英百科全書）。

六十歲那年，費雪受封為爵士，並於四年後出版了《統計方法與科學推斷》。費雪在數學機率方面的進步，突顯了二十世紀人口學與十八世紀的差異。法蘭西斯·培根（Francis Bacon）——他對經驗主義的認同深深影響了皇家學會的創始成員——明白，倘若一個人過於依賴簡單的實驗，有可能因此而見樹不見林。佩第和葛蘭特清楚地預見了數學分析的可能，在某種程度下，數學分析允許觀察者跳脫個案的框架，看見更寬廣的格局。兩百年後，這些也在如費雪和蒂皮特等理論家的帶領下實現了。

## 雷納德·蒂皮特
（Leonard Henry Tippett, 1902-1985）

雷納德·蒂皮特生於一九〇二年，比費雪晚了十二年。蒂皮特在倫敦帝國學院修讀物理。隨後取得統計學碩士，並在倫敦大學學院高爾頓實驗室接受卡爾·皮爾森的指導，再到羅塔姆斯特德研究站接受費雪的指導。一九二八年，羅納德·費雪和雷納德·蒂皮特為隨機樣本的極大值制定了三種極限分布類型。費雪和蒂皮特提出了一個可以被視為極值理論基石的定理，該理論處理隨機變數之極大值向量所組成的非退化機率分布的極限行為。

## 國際人口問題科學研究聯合會（IUSIPP）

隨著國際人口問題科學研究聯合會於一九二八年成立，人口學開始脫離對單一關鍵人物的依賴，轉而依靠一群不斷成長的專業人口學家；儘管和以前一樣，許多人並沒有受過正式的人口學訓練。全球第一場人口研討會於一九二七年在日內瓦舉行，強調人口問題的關鍵本質，以及其對社會、經濟與政治處境的影響。在這場科學研討會最後，眾人決定必須創立一個常態性的國際組織，從純粹的科學角度來審視人口問題。IUSIPP於是在巴黎創立，主要焦點集中在歐洲。一九四七年，該機構重新組織成為國際人口科學研究聯合會（IUSSP），將其興趣與專業拓展到開發程度較低的國家與新興經濟體上。

到了二十世紀初，人口學被認可為一門獨立的研究領域，在大學內開始有自己的課程，有公認的重要理論家，也發展出一套明確的方法與技術。其中的代表性組織包括法國人口學研究所（簡稱INED，專精人口學和人口研究的法國研究機構）、普朗克人口研究所（簡稱MPIDR，位在德國的羅斯托克）。成立於一九二九年的美國人口資料局，屬於私人非營利機構，專門提供全世界關於人口、健康和環境的資料，以供研究或學術使用。

西方世界的戰後嬰兒潮與開發中國家巨幅增長的人口，突顯了人口預測的重要性。約翰・哈納爾（John Hajnal）於一九五四年羅馬世界人口大會上所發表的論文〈人口預測的前景〉，認為在預測出生的技術上應有更大的彈性與多樣性。哈納爾為倫敦政經學院的統計學教授，其最著名的研究是一九六五年出版的〈透視歐洲婚姻模式〉，拉起了一條從義大利的里雅斯特到俄羅斯聖彼得堡的隱形線（稱哈納爾線），再指出這條線以西的西歐，其婚姻模式確實與線東的歐洲不同。

現在，有許多廣受尊敬且深具影響力的人口學家，在世界各地活動。每當人口學組織被問到哪幾位是二十世紀最具影響力的學者時，有三個名字總會出現在名單最上方：安斯利・科爾、威廉・布拉斯和傑克・考德威爾。他們三人皆被認為替人口學領域帶來了關鍵或特殊的貢獻。

## 安斯利・科爾（Ansley Johnson Coale, 1917-2002）

科爾是美國最重要的人口學家之一，他的研究在人口轉型和領導歐洲生育計畫上，尤其具有影響力。科爾在普林斯頓大學受教育，並從一九四七年起擔任該校的教職。他將自己全部的學術生涯都貢獻給普林斯頓的大學人口研究中心，並於一九五九年至一九七五年間擔任中心主任。他在一九六七至六八年間，擔任美國人口協會的主席，並在一九七七至一九八一年間擔任國際人口科學研究聯合會的主席。

科爾的第一項重要研究為一九五八年的《低收入國家的人口成長與經濟發展》，其點出放慢人口成長或許能加強經濟發展。接著是一九六六年的《區域性模型生命表和穩定人口》。這些模型生命表不僅創立了新的經驗律則，且為後來在推測不精確或不完整數據的人口死亡率與生育率上面，帶來了無價的貢獻。科爾和威廉・布拉斯一起開創並使用這些技術。

然而，他最重大的科學貢獻，或許在於其對人口轉型的認識。科爾是歐洲生育計畫的創造者，該計畫研究歐洲已婚婦女生育率大幅衰退的情形。

## 威廉・布拉斯（William Brass, 1921-1999）

威廉・布拉斯為英國最頂尖的人口科學家之一，為人口學開創出一個嶄新且重要的分支。

布拉斯於一九二一年誕生在愛丁堡，一九四〇至一九四三年間在愛丁堡大學就讀，在戰時服役，後又於一九四六至一九四七年間返校就讀。一九四八至一九五五年間，他是東非統計部統計人員，後來擔任副局長。在那裡，他從事研究東非醫療調查與早期殖民時期的人口普查，也正是在這段期間，他發展出許多關於如何搜集人口學數據與該如何進行分析的技術。他企圖解決的核心問題為開發中國家的情況——許多出生與死亡都沒有留下紀錄，如此一來，該如何進行可靠的估計，掌握死亡率、出生率以及人口規模與結構的變化趨勢？布拉斯針對此問題設計了一連串巧妙的解法，展示了如何透過向母親詢問「生過幾個孩子」以及「目前仍存活的孩子數」等簡單的問題，就能推算出兒童的死亡率與總出生數；以及透過詢問人們「父親或母親是否已去世」來估計成人的死亡率。

從一九六五年到一九八八年九月退休，布拉斯一直都在倫敦衛生與熱帶醫學院工作。一九七四年，在當時的海外發展局資助下，他在學校創立了人口研究中心，並成為第一位主任。一九八五年，他獲選成為國際人口科學研究聯合會的主席（為期四年的職務）。

## 傑克・考德威爾（Jack Caldwell, 1928-2015）

傑克・考德威爾的第一個學術職位是迦納大學的資深研究員（一九六二至六四年），他在此創立人口學研究單位，並進行非洲人口動態的田野調查。這些早期經歷，開啟了他終身對非洲的關注。他於一九七〇年返回澳洲，擔任澳洲國立大學的人口學系系主任直到一九八八年，接著擔任國家流行病學與人口健康中心（簡稱NCEPH）的副主任。

在他被借調為人口理事會的區域主任及奈及利亞伊巴丹大學人口學教授期間（一九七二至七三年），考德威爾共同指導了「改變非洲家庭計畫」。該計畫使用人口學與人類學的方法，來確認非洲社會導致生育率下降的改變。隨後出版的《生育和家庭計劃調查手冊》（主要由考德威爾和妻子派特所寫），對世界生育率調查（簡稱WFS）起了相當關鍵的作用。

當HIV/AIDS的流行規模在一九八〇年代晚期開始擴大後，考德威爾運用其對非洲家庭體制的認識，來解釋他所謂的「性網路」（sexual networking），與烏干達、迦納、奈及利亞的學者們一起研究HIV/AIDS流行的社會背景。一九九四年，考德威爾成為國際人口科學研究聯合會主席。一九九八年，為了彰顯他的貢獻，澳洲國立大學創立了「J.C.考德威爾人口、健康與發展教授席位」；聯合國描述他為「人口學領域內最具影響力且研究成果豐碩的科學家之一……他為非洲HIV/AIDS流行所設下的人口學、流行病學及社會文化現象框架，其成就無與倫比。」

## 當代人口學的理論與模型

十九世紀與二十世紀見證了人口學關鍵概念的發展與鞏固。重要的是統計分析及其各種概念，如指數、比率和比例等。現代人口學數據非常龐雜，因此摘要函數與指數、加權、標準化及比較的功能，已經成為人口學分析不可或缺的成分。形式人口學是以數學方法處理不完整或缺少的人口數據；處理不確定性與可信度的方法，包括模擬，現在用得愈來愈多。特別是預測未來人口趨勢的新理論、假設和方法，也是現代人口學技術很重要的一環。這些內容許多都會出現在第七章，我們將討論人口學家的工具箱。

這門曾經只是出於十七世紀對知識與科學探究精神的興致，集合各種想法而成的人口學，如今已蛻變成一門正式的學科，有國際級的專業組織來支持，同時關注著科學上對人口動態的理解，以及其對社會、經濟及政治因素的交互作用。在頭一個世紀推動研究的皇家學會，其角色如今由國際人口科學研究聯合會所取代，不過皇家學會仍在二〇一二年時，以《人與地球》這份全球報告重拾對人口問題的關注。

# 第五章

# 驅動力

人口的規模、成長、密度、分布和年齡結構或組成，基本上大致依賴三個驅動力：生育（或出生數）、死亡（或死亡數）和遷徙（或人口中遷入與遷出數量）。正因如此，多數的人口分析都著重在這三項計量上。

測量死亡率的主要方法為粗死亡率（crude death rate，簡稱CDR），亦即某一特定時期內的死亡人數除以同期的人口總數，以及平均餘命（預期壽命），即在特定死亡條件下一個人能額外存活的平均年數。而生育率的主要衡量方法有粗出生率（crude birth rate，簡稱CBR），亦即每千人之中的出生人口數，還有總生育率（total fertility rate，簡稱TFR），亦即人口中育齡婦女所生下的活產嬰兒數量。死亡率與生育率通常以封閉人口為對象，有異於此，遷徙則引入開放人口的概念——人們並不只是單純因為出生或死亡而加入或離開，還會出於自身考量選擇遷入或移出一個國家或地方。人口學家在實務上如何測量這些驅動力，以及利用哪些資料，這些我們都將在第七章中進一步討論。此處則先探討我們理解這些驅動力背後的想法。

## 死亡率

在多數情況下，人口內死亡率下降的情形會先發生在較年輕的族群——嬰兒與孩童，接著擴及到成人，最終才是延遲最年長者的平均死亡年齡。一般而言，改善營養、改善衛生條件、對付傳染性疾病以及最後的慢性病，是降低人口死亡率的過程。

如同我們所看到的，在歐洲，人們認為十八與十九世紀的貿易、分布和交通系統提升了糧食的可得性，公共衛生措施則讓食材的儲藏安全與處理成為可能，這些都有助於提升人們的營養品質。十九與二十世紀針對公眾健康的環境衛生措施，讓人們有乾淨的水，更好的衛生條件，和安全的汙水處理。二十世紀開始使用的盤尼西林與疫苗接種計畫，降低了發病率以及因感染與傳染病造成的死亡，最後，在二十世紀尾聲，藥物和老人醫學在慢性病與老年人罹患疾病方面也取得了進展。

另一種表達方法是說：在已開發經濟體內，外部因素如傳染病而導致的**外生性**（exogenous）死亡率，已經被因先天性缺陷或老化（例如多數的癌症及心血管疾病）所造成的**內生性**（endogenous）死亡率所取代。我們可以透過審視已開發經濟體內不同年齡層死亡率來探索這點。新生兒因內生性死亡因素（如先天畸形）而死的風險非常高。而在分娩（或出生）後，外生性風險如感染或意外則變得愈來愈重要，且在一歲到十五歲之間，死亡的原因多是因此。在此年齡後，內生性因素又開始占主導地位，因心臟病和癌症而導致的死亡數開始增加。然而，年輕人與中年人因這些病而殞命的機率很低，因此死亡率自童年之後一直被延遲到身體容易受這些疾病所影響的老年階段。

這能幫助我們理解已開發經濟體的生命曲線矩形化的原因，因其死亡持續不斷地被往後推，導致死亡發生

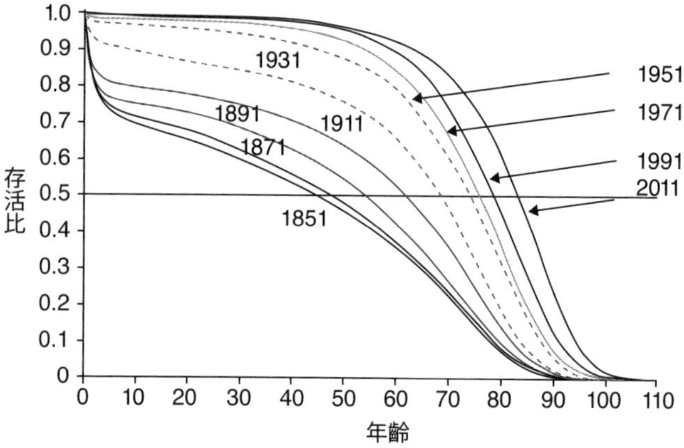


圖1｜英格蘭矩形化的生命曲線。1850年，僅有少數人能活超過四十五歲，現在則有超過半數的人能活到八十歲。

時多半落在八十歲以後（見圖1）。目前，已開發經濟體的男性預期壽命為七十六歲，女性為八十二歲。

二十與二十一世紀較低與最低度開發國家的死亡率之所以大幅下滑，原因也是如此。

儘管如此，這些國家的情況與過去的歐洲個案有著不同的背景脈絡。尤其顯著的是擴散與採納的速度非常快，部分原因在於歐洲是花了數世紀的時間去慢慢找出方法，而許多開發中國家則是在二十世紀短短數十年間，直接學習採納已開發經濟體的舉措。此外，開發中國家也受惠於許多組織良好的國際計畫：例如一九四八年成立的世界衛生組織（WHO）大力推行的全球疫苗計畫；國際饑荒援助計畫，如聯合國世界糧食計畫署（簡稱WFP）和聯合國糧食及農業組織（簡稱FAO）；以及致力於減少貧困、饑荒和發病率的非政府組織，如水援助（WaterAid）、樂施會（Oxfam）、救助兒童會（Save the Children）、聯合國教科文組織（UNESCO）。

將歐洲死亡率下降的歷史與當前低度開發國家的死亡率下降兩件事並列，從宏觀的角度來看，我們可以將此直接聯繫到經濟發展、工業化及都市化、生活標準及GDP的上升，以及教育和醫療保健的普及。舉例來說，人口中教育程度的提高能直接讓母親與新生兒的處境更好、延長生育間隔和減少總體生育數，尤其是對較脆弱的女性如青少女及高齡母親。這些原因也讓孕產婦和嬰兒的死亡率下降。然而，近年來也有人認為經濟成長本身對二十世紀死亡率的下降幫助有限。此說法的最重要例子就是美國，身為二十一世紀早期人均收入最高的國家，其預期壽命卻比許多已開發經濟體來得低。

但也有人反駁，認為預期壽命緩慢地趨同。較高程度開發國家與較低程度開發國家的死亡率如繼續下降，就能讓當前預期壽命為七十八歲的已開發國家、和預期壽命為六十八歲的開發中國家（兩者之間差了十年），在二〇五〇年時相繼成長到八十三歲與七十五歲，也因此讓兩者間的差距縮短兩年。

現在普遍認為人口轉型伴隨著流行病學轉型。此特徵為傳染性和急性疾病減少，而慢性與退化性疾病上升。在最低度開發國家中，傳染性疾病導致的高死亡率，通常伴隨著貧困、飲食品質不佳和基礎設施有限等情況。現在，除了上述情況外，這些國家也開始出現慢性及退化性疾病的數量上升。因此我們可以說，由外生性如瘧疾、小兒麻痹等傳染病而導致的死亡率，正與愈來愈多的內生性因素如生活方式改變（尤其是飲食與抽菸）而激化的癌症等所導致的死亡並存。對許多南方國家而言，除了傳染性疾病這個重擔外，如今又多了慢性病此一挑戰。來自國際傳染病學研究的證據指出，原本與富裕和高齡人口相關的健康問題，現已影響到愈來愈廣泛的全球人口。在接下來的十至十五年間，比起寄生蟲及傳染性疾病，世界各地的人口都將因爲非傳染性疾病如心臟病、癌症、糖尿病等，遭遇更多的死亡與殘疾。

現在人們開始對延長壽命（life extension）感興趣。儘管預期壽命和延長壽命經常被混淆，但卻是差別極大的兩個概念。簡單來說，預期壽命代表的是一群人口中，一個人預期自己可以存活的平均年數。以技術性語言來說，預期餘命指的是在當前的死亡率水準下，一個人能多存活的平均年數。這個條件很重要，並解釋了為什麼當前英國女性的預期壽命為八十二歲，但英國國家統計局（簡稱ONS）卻於二〇一四年宣布，第一批預期活到一百歲的英國女嬰已經誕生。確實，多數已開發經濟體中，二十一世紀初新生兒的預期餘命幾乎都落在一百零三歲左右〔見表2〕。這是因為在這些女嬰的一生中，當前的死亡率會出現極大的改變，而她們將因此受益。因此，她們多數人的生命並不受當前的死亡條件所籠罩。預期壽命的成長在極大程度上，需仰賴低齡人口死亡率下降，亦即有更多的嬰兒、兒童和年輕人存活下來，讓人口的平均預期壽命得以上升。在已開發國家中，預期壽命在過去一百五十年中，每十年就會增加

表2｜八個國家中，同出生世代者中至少有50%的人仍然健在的最大年紀

| | 2000 | 2001 | 2002 | 2003 | 2004 | 2005 | 2006 | 2007 |
|---|---|---|---|---|---|---|---|---|
| 加拿大 | 102 | 102 | 103 | 103 | 103 | 104 | 104 | 104 |
| 丹麥 | 99 | 99 | 100 | 100 | 101 | 101 | 101 | 101 |
| 法國 | 102 | 102 | 103 | 103 | 103 | 104 | 104 | 104 |
| 德國 | 99 | 100 | 100 | 100 | 101 | 101 | 101 | 102 |
| 義大利 | 102 | 102 | 102 | 103 | 103 | 103 | 103 | 104 |
| 日本 | 104 | 105 | 105 | 105 | 106 | 106 | 106 | 107 |
| 英國 | 100 | 101 | 101 | 101 | 102 | 102 | 103 | 103 |
| 美國 | 101 | 102 | 102 | 103 | 103 | 103 | 104 | 104 |

數據為各年的年齡。基線數據來自人類死亡資料庫（Human Mortality Database），用的是各國的總人口。

二・五年，或每天增加六小時。

延長壽命是將人口所能活到的最大歲數向後推。人類的壽命被設計得足以繁殖後代，同時確保後代的存活。這是所謂的「基本壽命」。但世界上多數國家的人口，活得都比基本壽命來得長。在已開發國家中，死亡率下滑最明顯的出現在高齡區域——最年長的老者間。而這樣的情況已經顯著到讓預期壽命和延長壽命此兩種概念被聯想在一起。延長壽命的驅動力大致有四個面向：健康生活、預防疾病與治療、延緩衰老或預防衰老、以及再生醫學。有人認為，健康生活和疾病的預防與治療，能將多數已開發世界的人口壽命推向百歲。確實，英國的百歲人口很有可能從當前的一萬兩千人，成長到本世紀中期的五十萬人，並在世紀末突破一百萬。英國當前人口有八百萬人可望活到一百歲，歐洲則有一億兩千七百萬人。儘管如此，我們或許還是需要延緩衰老和再生醫療，才能達成真正的延長壽命〔Box 3〕。

**BOX 3**

### 人類真能永生嗎？

某些人宣稱科學的進步，最終能讓人們活上一千歲或甚至更久。其他人則好奇人類的身體是否能接受如此極端的延長壽命。儘管只有少數人認為「人類壽命有限」，但也只有少數人認為人類是不朽的。現實或許就落在此兩個極端之間。或許在未來，我們的身體大部分都能被替換，讓我們成為一種能完全被替換且永生的仿生物種。那麼，最基本的問題將是生物學上、社會學上且哲學上的——這樣還能算是人類嗎？

## 生育率

關於生育率，全球有三分之一的國家其生育率等於或低於替代率（粗略地定義總生育率為二・一）。這些國家非常多樣化，包括了香港、波蘭、德國、巴貝多、泰國、越南、模里西斯、伊朗、智利、突尼西亞、美國和緬甸〔見表3〕。另外五十八個國家則為中低（low medium），亦即總生育率為二・一至三・〇，包括了愛爾蘭、紐西蘭、印尼、阿根廷、斯里蘭卡、孟加拉、墨西哥、委內瑞拉、波扎那、埃及、薩摩亞和印度。十八個國家的總生育率為中高（high medium）的三・〇至四・一，包括辛巴威、玻利維亞和巴基斯坦。四十八個國家仍維持在高，亦即四・一及以上，這些國家多數（並非全部）位在撒哈拉以南非洲，且多數被聯合國分類為最低度開發國家。

生育下滑的實際驅動力長久以來備受爭議，但大

表3｜總生育率，2012

| | | | |
|---|---|---|---|
| 香港 | 1.3 | 印度 | 2.5 |
| 德國 | 1.4 | 巴基斯坦 | 3.3 |
| 越南 | 1.8 | 辛巴威 | 3.6 |
| 伊朗 | 1.9 | 阿富汗 | 5.1 |
| 美國 | 1.9 | 查德 | 6.4 |
| 阿根廷 | 2.2 | 尼日 | 7.6 |
| 委內瑞拉 | 2.4 | | |

致上可分為三種立場。其中一派理論認為生育率下滑是回應新生兒死亡率下滑，換句話說，兒童存活率的上升減少了為達理想育兒數量而必須生下的新生兒數量。也有人認為倘若沒有死亡率的下降，生育率就不可能下降，儘管有部分證據顯示在美國與法國，生育率的下降確實出現在死亡率下降之前。第二種立場認為，現代家庭計劃方法的出現，讓女性能選擇自己想要生育的後代數量。儘管許多傳統社會也有使用避孕措施，但現代避孕法在家庭計劃方面的成功率更高。第三種廣泛的假設則認為教育是造成低生育率的主因。在那些女性受教育程度較高的國家中，生育率確實經常低於替代率。同樣地，女性受教育程度較低的國家往往擁有高生育率。受過教育的女性尤其助長了晚婚，她們往往加入勞動市場，而這也導致了生育數下降，同時且極為重要地——改變了女性與其社群的「思維」，讓女性了解自己還有哪些不同的道路可以選擇。確實，當代最了不起的人口學家傑克·考德威爾，也認為「觀念轉變」是生育率下滑的最大主因。近期該領域在微觀層面上的最新發展借鑒了心理學理論，以了解個人的性格特質及這些如何決定對生育及家庭規模的態度。

一九五〇年代，歐洲總生育率為每一名育齡女性對應二・五個孩子；這個數字也在二〇一〇年下滑至一・五。在西歐，除法國以外的所有國家生育率都已經低於替代率，南地中海國家則為一・二和一・三。在亞洲，新加坡、韓國和香港都已經跌到一・二以下。事實上，部分人口學家也曾經擔憂在人口慣性的作用下，極低的生育率有可能會變得無法逆轉。

關於低生育率的討論主要圍繞在三大關注上：夫妻的替代；年輕人與中年人替代；以及環境壓力。經常有人認為一對夫妻（一男一女）在本能上，就會想要有人能代替自己，這也引導出所謂的「兩孩常態」。儘管就基因來看，每個小孩都會有一半母親的基因、一半父親的基因，因此一個孩子就足夠，但這或許是出於趨避風險的心態（即使在低死亡率的社會中也是），或者是想要各一個不同性別的孩子，或出於第一個孩子想要手足的社會性渴望。這是就個人與夫婦層面來看的個人最佳生育率。就社會層面來看，最佳生育率經常是從國家人口替代率或勞動市場替代率的脈絡來討論，近期則關注地球的環境承載力。就國家層面，替代生育率和人口中育齡女性的百分比有極高的關係。倘若人口中育齡婦女的比例很高，那麼要達成人口更替並不需要太高的生育率；但若育齡女性比例偏低，那麼就需要較高的生育率。

部分亞洲與歐洲國家可能會陷入所謂的「低生育率陷阱」。這由兩個層面所引發，一是人口因素——未來潛在母親減少，意味著更少的新生兒；另一個則是社會因素——在目睹前幾代人的低生育率後，年輕一代的理想家庭規模跟著縮小。關於此，有人認為在那些超過一個世代生育率都維持極低（低於一．五）的國家裡，會逐漸適應沒有孩子或獨生子女的家庭，導致生育率很難再被提高。而就業模式改變，托兒與學校數量變少等，這種情況在中國就相當明顯。一胎化政策施行了三十年，那些獨自長大的孩子現在也進入了育齡階段。儘管現在允許生兩個孩子，但根據調查，許多人選擇只生一個孩子，因為這就是他們的人生經歷——他們是在獨生子女的社會中長大成人。

快速的人口成長和高生育率威脅著貧困的開發中國家人民的福祉。儘管家庭計畫／性及生育健康計畫在全球取得了極大的進步，協助婦女達致自己想要的家庭規模，但在世界上的某些地區——尤其是撒哈拉以南的非洲，其生育率下降的速度卻極緩慢或甚至停滯。在這些地區，總生育率依舊高高維持在每名婦女產下四至七胎。考量到廣泛的宏觀因素（請見第二章），可以發現低教育程度、缺乏家庭計畫及嬰兒死亡率，顯然是讓此區生育率居高不下的原因（儘管不是唯一的原因）。

舉例來說，資料顯示嬰兒與兒童的持續高死亡率，是撒哈拉以南非洲地區生育率無法下降的極大障礙。這裡是嬰孩死亡率最高的地區，二〇一二年該區域的嬰兒死亡率為64%，這也意味著該區域內發生了約莫兩百萬起死亡案例，此數字幾乎占全球嬰兒死亡數的一半。而教育程度也有強烈的關連，女性擁有高教育程度的國家（60%到80%的育齡女性擁有至少初中以上學歷），經常也是生育率低於替代率的國家。同樣地，那些僅有不到四成育齡女性完成同等教育經歷的國家裡，往往也是總生育率最高的國家。女性的中學教育對生育率有極為戲劇化的影響。世界銀行的研究發現，女性每接受四年的教育，就會讓生育率下滑約莫一個出生次。其他研究則認為，接受中學教育婦女的數量成長一倍，就會讓平均生育率從五．三下滑到三．九（每名婦女）。

「未滿足的家庭計劃需求」定義為：年齡介於十五至四十九歲、且擁有性伴侶的女性，希望延緩或避免生育，卻沒有使用任何避孕手段。當前，全球約有一億四千萬名女性處於這種情況中。如圖2所顯示，未滿足的家庭計劃需求差異很大，其中大洋洲與撒哈拉以南非洲的未滿足家庭計劃需求最高。然而，未滿足家庭計劃需求的程度判定並不容易，某些國家的婦女由於文化或社會因素而渴望擁有大家庭，因此使用避孕手段較少（儘管總生育率已經很高）。尼日就是一個最好的例子，該國的總生育率為七．六，但據稱理想的家庭規模為九人以上。

全球以生育率此一面向為研究重心的人口學家們都明白，生育率下滑的驅動力相當複雜，因而研究多聚焦於家庭和社會影響、文化及宗教因素、工作等其他活動。

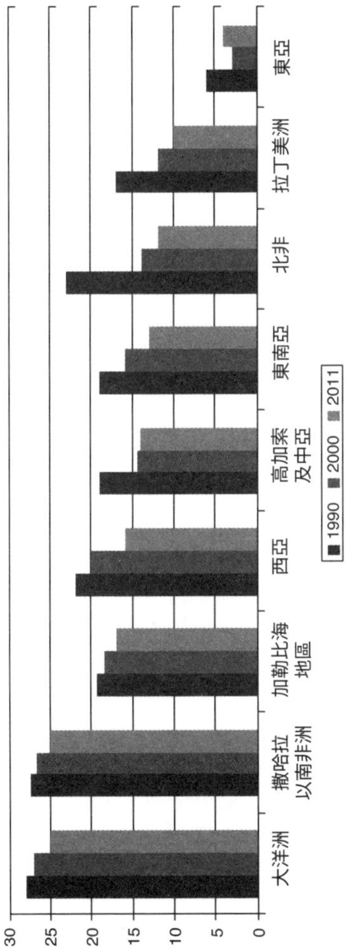


圖2｜1990、2000和2011年，十五歲至四十九歲婦女有未滿足的家庭計劃需求之比例。

## 遷徙

基於流動人口的數量、相對年輕的年齡結構及較高的生育率，遷徙對人口的成長和結構有可能帶來強烈且深遠的影響。一般而言，研究者通常會區分推力與拉力，認為造成遷徙潮的原因可能來自原居地，也可能來自目的地。推拉理論假定，兩個端點皆存在著推動與阻礙行為發生的因素，而這些因素間的平衡決定了人口流動的規模與強度。超過半個世紀以來，全球的主要人口流動為人力資本的移入，以移民工人的形式，從南方年輕而貧窮的國家（南半球——亞洲、非洲及拉丁美洲），移往北方富裕而年老的國家——主要為美國及前歐洲殖民勢力，如英國、法國和伊比利亞國家如西班牙和葡萄牙，以換取經濟資本（無論是來自政府資金或個人匯款的形式）。

第一個關於跨國移民的理論出現在兩百五十多年前。瑞典學者約翰·克里格（Johan Fredrik Kryger）於一七六四年提出假說，認為低工資與處境惡劣的食物分配，是迫使家庭離開瑞典的推力。類似的概念在十九世紀的法國及英格蘭也相繼出現，認為推拉因素必須同時伴隨涉及著區域或國家間的聯繫與交流，而一個方向的大規模流動，會引起另一端的逆流。關鍵理論來自雷文斯坦（Ernest-George Ravenstein）的遷移法則，該理論至今仍以某種形式為研究者使用〔Box 4〕。

二十世紀來自經濟學、地理學與政治學的理論觀點被引入，以強調促進或阻礙遷移的因素——如空間和文化距離、遷徙所需開銷，還有政府政策。社會學的觀點則探討移民系統下權力與聲望的關係，解釋了某些南—北—南的移動，亦即低社會地位的窮人搬到北方並開始累積財富，最終以較高的社經地位重新回到原本的國家。關於反饋和回流的類似理論也開始成形，提出一小群移動到新地方的移民，很有可能引領後續大批的移民潮，無論是透過個人人脈，或能提供移動幫助的專業機構及仲介。人口學家引入了關於移民同化到移入國的想法，並將撫養負擔和人口潛力的概念形式化，以解釋人口從年輕的南方往高齡的北方遷移的情況。

當前認為推力因素有可能是結構性的（宏觀），也可能是個人的（微觀）。在宏觀層面上，人口快速成長

BOX 4

## 雷文斯坦的遷移法則

以下為雷文斯坦所提出的公式（1885年），他認為：

1. 絕大多數的遷徙是短距離地。
2. 遷徙的過程是階段性的，人口外移處的缺口會由那些來自更偏遠地方的移入者所填補。
3. 每一種遷徙都會導致反向遷徙的發生。
4. 長距離的遷徙通常是為了搬到都市。
5. 農村居民比都市居民更容易出現遷徙。
6. 女性較有可能出現短距離的遷徙；男性較有可能出現長距離的遷徙。
7. 多數遷徙者為成人。
8. 大型城鎮的人口成長多半依賴移民，而不是自然增加。
9. 經濟發展和交通條件與移民數量呈正相關。
10. 經濟是導致遷徙發生的主要原因。

及資源的競爭，或許會導致人口外移。同樣地，戰爭、饑荒、環境危機、迫害及貧窮，則被視為個人層面的動機。拉力則模糊地與推力有所關連，且很難實際區分。舉例來說，南邊的貧窮推力，相對地襯托出北邊能獲得財富機會的拉力；缺乏工作機會的鄉村地區，或許會把人口往都市推動，因為那裡有工作機會的拉力牽引。

長久以來，洲際間的移動對已開發國家和開發程度較低國家的人口結構造成影響。自十五世紀哥倫布與歐洲發現新世界後，多數跨國移動都是始於歐洲，移往美洲以及亞洲南邊和非洲。二次世界大戰後，來自南方的移民開始增加，而這些區域內的遷徙也同樣變多〔見表4〕。有人推測，北方對勞動力的需求拉力，被南方人口嚮往更好生活的推力替代了。而這些力量造成的結果是北方政府制定規範，以減少當時由南向北的流動。然而，也有人認為南－南移動的情況會愈來愈多，並成為主流，北方國家將因此失去來自亞洲、非洲及拉丁美洲勞工的技術與勞動力。在過去十年，最顯著的改變就是女性移民數量的增長（尤其在亞洲），作為日益壯大的醫療與社會照護移工群體的一部分，移入北方國家。

表4｜世界各區與特定國家的淨遷徙率。男女加總的淨遷徙者總數（千）。

| 主要區域、地區、國家 | 1950–1955 | 1955–1960 | 1960–1965 | 1965–1970 | 1970–1975 | 1975–1980 | 1980–1985 | 1985–1990 | 1990–1995 | 1995–2000 | 2000–2005 | 2005–2010 |
|---|---|---|---|---|---|---|---|---|---|---|---|---|
| 開發程度較高地區 | 893 | -607 | 2287 | 3728 | 6535 | 6532 | 6841 | 7907 | 11558 | 13923 | 17142 | 17412 |
| 開發程度較低地區 | -893 | 607 | -2287 | -3728 | -6535 | -6532 | -6841 | -7907 | -11558 | -13923 | -17142 | -17412 |
| 最低度開發國家 | -502 | -544 | -851 | -835 | -4775 | -4392 | -6400 | -3981 | 2738 | -3467 | -4640 | -7457 |
| 低度開發地區，包括最低度開發國家 | -391 | 1151 | -1436 | -2892 | -1760 | -2140 | -441 | -3926 | -14296 | -10456 | -12502 | -9955 |
| 低度開發地區，排除中國 | -875 | 471 | -1739 | -4043 | -5456 | -6667 | -6637 | -7668 | -10732 | -13758 | -14965 | -15601 |
| 撒哈拉以南非洲 | -190 | -132 | -237 | -81 | -854 | -1167 | -1162 | -1412 | -450 | -1137 | -429 | -184 |
| 亞洲 | -242 | 1399 | 173 | -57 | -1789 | -1404 | -308 | -2632 | -7155 | -6189 | -8074 | -9729 |
| 東亞 | -530 | 108 | -620 | 805 | -1072 | 15 | 325 | -432 | -1096 | -715 | -1667 | -1042 |
| 中國 | -166 | -8 | -1059 | -13 | -1113 | -428 | -258 | -236 | -824 | -607 | -2298 | -1884 |
| 南亞 | -530 | 108 | -620 | 805 | -1072 | 15 | 325 | -432 | -1096 | -715 | -1667 | -1042 |

| | | | | | | | | | | | | |
|---|---|---|---|---|---|---|---|---|---|---|---|---|
| 印度 | -107 | -4 | -86 | -246 | 2119 | 1131 | 483 | 45 | -127 | -443 | -1923 | -2978 |
| 歐洲 | -1273 | -2995 | 521 | -106 | 2125 | 2018 | 2164 | 3088 | 5487 | 4112 | 9373 | 9288 |
| 東歐 | 60 | -1951 | -1137 | -360 | -177 | 488 | 918 | 135 | 1222 | 1092 | 1036 | 2581 |

在過去半個世紀裡，移往和移出撒哈拉以南非洲區域的移民潮，出現了一項改變。在一九六〇年代以前，進入此區域的主要移民者為歐洲人和亞洲人；在去殖民化的後一九六〇年代，情況則相反過來，在獨立運動的鼓舞下，人們開始離開撒哈拉以南非洲，且大量移往歐洲，舉例來說，有近八十萬名居住在撒哈拉以南殖民地上的葡萄牙居民，在一九七〇年代搬到葡萄牙，此外還有驅逐行動，如一九七二年來自烏干達的英國亞裔，以及一九八〇年代從衣索比亞移往以色列的猶太人。中東地區長期以來對外籍勞工具有吸引力。然而這些移工的組成從一九七〇年代的印度、伊朗和巴基斯坦，逐漸轉變為東亞與東南亞的人口，尤其是菲律賓人與印尼人。又或者，來自南亞的移民主要是為

了延續其與大英帝國的關連（儘管移往其他亞洲與歐洲國家的移民數也有所成長）。在過去數十年間，來自法屬印度支那、韓國及菲律賓的移民穩定移入美國，部分是因為衝突——在韓國、柬埔寨及越南戰爭後，有將近一百五十萬名難民被重新安置在北美及歐洲，一部分則屬於勞工移民。與非洲相同，南美洲在一九五〇年代之前，其接收的最多移民者以歐洲人為主，但這在二十世紀的下半葉出現反轉，來自此區域的移民開始回到前歐洲殖民母國與美國。回歸遷徙的其中一個有趣例子，就是巴西籍與秘魯籍的日本後代重新回到日本。這也讓日本政府跟著在一九八〇年代做出一項決策，允許海外的日本後代返回日本。

鄉村地區內部、以及從鄉村移往都市的移民潮現象，在一九七〇年代被澤林斯基（Wilbur Zelinksy）理論化，他認為移民擁有多個連續性階段，先是鄉村到鄉村，接著是鄉村到都市，再來是都市到都市。儘管這個理論過於簡單而無法解釋跨國移動，但放在多數國家內，其描述確實為真。當代尤其感興趣的主題為鄉村—都市間的移動，因為這也是都市成長的關鍵貢獻。在這裡，我們能同時找到推力與拉力；鄉村地區的人口壓力導致獲取自然資源如食物與容身之地的機會變少，或因為新技術引進而導致的農業勞動力失業，都是推力。城市裡的拉力則有教育與醫療設備的可得性、較高的收入及就業機會。無論原因為何，鄉村移往都市的人口無疑是過去一世紀中，讓都市中心得以快速成長的最大貢獻者。舉例來看，據推測，中國都市在過去五十年裡成長的近五億人口中，有三分之二是從鄉村移往都市的移民。至於世界上的其他地方，鄉村移往鄉村的情況相當普遍。在南非，許多利用鄉村人口監測站（簡稱DSS）數據進行的研究，記錄下遷往其他農村、近郊城鎮和都會區附近小鎮的移民，有增多的趨勢，且證據顯示有超過40%的人口在其一生中，曾經從一個地方搬到另一個地方〔Box 5〕。

BOX 5

## 為什麼女人活得比男人長？

在所有的社會裡，一旦女性過了育齡年齡，其往往能活得比男性同齡人來得更久，且女性身體的構造似乎比男性身體更容易活得長久。舉例來說，就基因組成角度來看，女性有兩條X染色體（XX），而男性只有一條（XY）。因此，倘若一名女性的X染色體出問題了，那麼第二條還可以彌補，但男性就沒有這樣的優勢。而我們體內的荷爾蒙系統也存在著某些很有意思的證據。雌激素，一種女性荷爾蒙，能保護身體遠離許多疾病，但男性荷爾蒙睪固酮，不但不會保護身體，甚至會提高發病率和死亡。此外，女性免疫系統似乎也比男性的免疫系統來得強，男性的免疫系統似乎無法像女性那樣抵禦細菌或病毒感染。

# 第六章

# 人口轉型──人口學的精髓

「人口轉型」被視為人口學的精髓之所在，指的是一個國家的高出生率與高死亡率持續下滑，轉變成低死亡率與低出生率的國家。如同我們在第二章所看到的，一直到十八世紀，人口出現了成長、停滯、下滑，接著又繼續成長。生育率和死亡率會反映環境與社會變化──戰爭、饑荒、富饒、顛沛流離。然而，十八世紀出現了一項如同新石器時代農業革命般的新轉變，讓人口瞬間暴增，但緊跟著是生育率的持續下滑，導致人口減少並老化。自一七五〇年以後的歐洲、二十世紀的亞洲與拉丁美洲、一直到當前據徵兆顯示會在二十一世紀出現轉變的非洲，這些情況已根本性地打斷了人類歷史上不斷重複的成長／衰退／成長週期。

關於歐洲的人口轉型是於何時、何處發生，又是如何發生，一直有相當激烈的爭論（南方的情況也同樣如此）。然而，隨著人類的經濟發展，死亡率下降，人口成長，生育率下滑，成長於是趨於平緩或甚至下降。人口轉型理論（或諸多理論）可以被切割成三大面向。第一部分描述死亡率與生育率隨著時間的變化，這部分多基於清晰的數據而沒有爭議。第二部分則是爭議最大的，因其試圖建立可以解釋關於這些改變的時間、速度和所有驅動力的因果模型。第三部分是人口學家企圖預測未來的轉變——尤其是南方國家的情況，因而也是充滿最多不確定性的部分。

典型的人口轉型被認為包括四個主要階段（見圖3）。在第一階段裡，由於疾病、饑荒、營養不良、缺乏乾淨水源與衛生條件，人口出現高死亡率；此時沒有動力、或甚至根本沒有想過要降低生育率——這是一群擁有高出生率與高死亡率的人口，規模相對而言較小且波動大，一七八〇年之前的英國和當前的衣索比亞就是很好的例子。進入第二階段，我們可以見到公共衛生、環境衛生、乾淨水源與食物的改善，死亡率下滑——尤其是嬰兒與孩童的死亡率。儘管如此，該階段的生育率仍然很高，導致人口迅速成長，十九世紀的英格蘭與當前的蘇丹就是例子。第三階段，總生育率快速下滑，且伴隨著低死亡率。此時的人口規模依舊在成長，但速度放緩，例如二十世紀早期的英格蘭與烏拉圭。第四階段則是低死亡率與低生育率，人口相對穩定且老化，當前的英國與加拿大即為例子。在人口轉型的最後階段，人口慣性可能會出現——在數個世代的作用下，確立了遠低於替代水準的生育率。這可能會讓沒辦法依賴外來移民

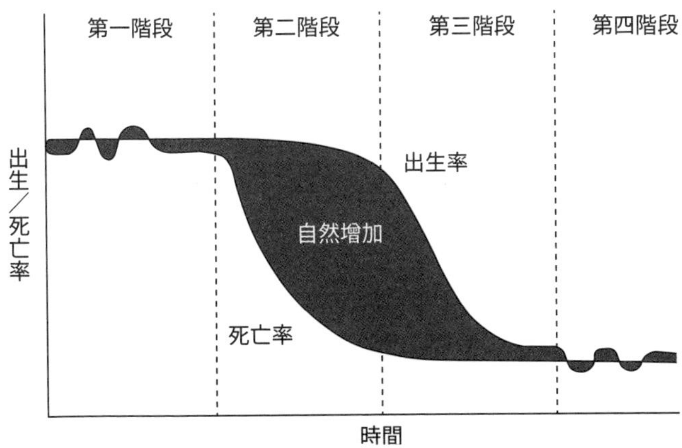


圖3｜人口轉型。

的國家出現人口下滑。儘管多數人視這為典型人口轉型的最後一階段，但也有人認為這代表的應該是第二次人口轉型。

有人認為這樣的轉變對人類社會造成了廣泛且深遠的改變。死亡率下滑讓順利長大成人的機率大幅提升，而更長的壽命則確保了一定的穩定性，讓人們得以規劃將來，儲備並投資自己的經濟與人力資本。人口成長的增加導致遷徙與人口密集或都市化，而這本身也帶來了更為複雜的勞力分工和行政及管理系統。家庭角色及關係改變，再加上生育率下滑，讓女性更有機會能過著如同男人一般的生活。就人口統計上來看，人口從擁有大量、高比例的年輕依賴者，轉變為大量、高比例的老年依賴者。扶養比跟支撐比（support ratio）也因此出現改變；前者指的是工作年齡人口對非勞動人口——老幼皆包含在內的比例，後者則是指勞動人口對上年長非勞動人口。

舉例來看，在一個典型的人口轉型前社會中，新生兒的預期餘命低於四十歲，而女性大多數的成年時光都必須用於育兒，且預期會生下平均四至七個孩子，但有許多孩子會在嬰兒時期或剛出生就夭折。因此，父母壽命比小孩長的機率相對較高，大約有四成左右的人口年齡低於十五歲。這些社會多是人口密度低（也就是鄉村），農業為主要活動。大部分的遷移是從鄉村到鄉村，性別、地位和權力關係基本上是既定的，社會流動幾乎不存在。在轉型後，大多數死亡發生在六十五歲以後，新生兒的預期餘命上升到七十五歲或甚至是八十歲（女性），父母活得比孩子更久的機率則可以忽略不計。女性平均生育兩個或更少的孩子（多數孩子都能長大成人），因此擁有更多時間能從事其他活動，也能在廣泛的經濟與社會政治中擔任更重要的角色。此時的人口有高達三分之一的年齡超過六十歲，八十歲以上的人口比例愈來愈高，與此同時，十五歲以下的比例通常掉至兩成以下。現在，有四分之三的人口居住在高密度的都市中，鄉村與都市生活風格開始融合。所有人花在教育上的時間更多了，職業種類也非常多樣化，尤其在工業與服務部門。大多數的遷移是從鄉村移往都市，或從都市移往都市。社會流動性增加了，性別與權力的關係變得更具流動性。

## 人口轉型的理論化與再理論化

在湯普森（Warren S. Thompson）於一九二九年提出、以及卡爾－桑德斯（Alexander Carr-Saunders）於一九三六年提出的早期轉型理論中，就已經確立轉型是一連串的階段。然而，一九四五年發表自己研究結果的諾特斯汀（Frank Notestein），才是普遍被認定為第一位簡明扼要地闡述人口轉型理論的理論家。他指出，都市裡的工業化生活剝奪了家庭的許多功能。工業化對技術型勞動力的需求，導致教育需求提高，讓養育孩子的成本增加，並同時減少他們作為童工的潛在經濟貢獻。下降的死亡率則意味著更多孩子能存活且需要扶養。這些原因讓新生兒的數量開始下滑。一九六三年，金斯利・戴維斯（Kinglsey Davis）針對這點進一步闡述指出，死亡率的下滑不僅意味著更多孩子能存活下來，也意味著成年人活得更久了。這對家庭與社會都造成了負擔。因此他認為，家庭只有三個選擇：搬走、晚婚和提高生育控制。一九七〇年代由科爾所主導的「普林斯頓歐洲生育計畫」（該計畫創造出「普林斯頓指數」〔Princeton Indices〕

一詞），總結歐洲生育率之所以衰退，更大程度上是因為對可接受之家庭規模與生育行為的文化傳播，而不是經濟發展。這與考德威爾後來所提出的理論不謀而合，後者強調想法的灌輸是開發中國家生育率下滑的關鍵。

然而，關於歐洲與開發中國家的人口轉型理論遭到了質疑。在歐洲的適用性上，有人質疑該理論無法解釋為什麼各國在時間點與進程上都不一樣。此外，死亡率下降的時間、速度與生育率下降的時間、速度，彼此間關係的變化如此之大，以至於該理論無法套用在所有已經發生的情況上。生育率發展的社會經濟模式也同樣不適用；儘管如此，有鑒於富裕與貧困之間的差異是如此懸殊，單憑一套理論自然無法同時詮釋天秤兩端的情況。最後，一旦生育率開始下滑，隨後也會出現上下波動的情況，而不是像典型理論中所點出的那麼穩定。

十八世紀的後半，見證了歐洲的重大轉型——死亡率出現下滑的徵兆，預期壽命開始提高。儘管傳染病與饑荒的危機仍舊存在，死亡率總體而言仍穩定下降。這也讓預期壽命在十九世紀與二十世紀間穩定增加。例如在一七五〇年至一八五〇年間，英格蘭、法國和瑞典每年預期壽命只成長不到一個月，但從一八五〇年開始，提高到每年增加兩個月，更在步入二十世紀後上升到每年四至五個月。一開始是因生活水準與公共衛生的改善所致，接著是疫苗接種與藥物治療，嬰兒與孩童的死亡率首先開始下降，接著各年齡層的死亡率也下降，直至老年人口。比較一八五〇至一九五〇年間的義大利與英格蘭／威爾斯死因，對照後發現，在這一百年中出生時的預期餘命之所以成長，有三分之二是因為傳染性、呼吸道及腸胃道疾病得到控制。且其增長有三分之二發生在十五歲以下的人口身上，僅有約莫15%的比例是因為四十歲以上人口的死亡減少。

在死亡率轉型的早期階段，經濟改善似乎為最主要的驅動力，但在死亡率下降的同時，醫療進步、生活方式與行為的改變則變得愈發重要。在轉型的後期，經濟發展與死亡率下降兩者間的關連消失了，例如將二十一世紀的義大利與美國進行比較，會發現人均GDP為美國一半的義大利，其出生時的預期餘命卻比較長，前者為八十歲，後者為七十七歲。這可以藉由理解美國當時嚴重的不平等，以及高經濟發展可能導致的不健康生活習慣——少運動、不健康食物與酒精攝取的增加，造成糖尿病與慢性病增加——來解釋。

至於生育率轉型，歐洲的生育率下滑是漸進的過程。瑞典、英格蘭與威爾斯（統計數據可供估算的國家）的生育率，在一七五〇年時分別為四和五，到了一八七五年同時下降到三，更在一九〇〇年時下滑到低於替代率。在這點上，宏觀與微觀因素似乎交織在一起，過程複雜，且很難歸因於單一而明確的驅動力。倘若放眼整個歐洲大陸，情況也有極大的不同。顯而易見地，社會與經濟的發展確實影響深遠。但即便如此，這之間的關係仍舊不是直截了當的。例如，法國鄉村的生育率比經濟發展更好的工業化鄰居英國，下滑得更早且更快。人口學家認為，部分原因或許是因為首婚年齡的差異——東歐比北歐和西歐來得更早，再加上節育方法主要來自十八世紀的法國，再逐漸於隨後一個世紀內傳播到歐洲其他區域。這也反應了為什麼歐洲東邊的生育率很高，西歐、尤其是法國的生育率低。確實，文化、宗教、種族和政治立場也是很重要的因素。如同比利時人口學家萊斯泰格（Ron Lesthaeghe）所指出的，比利時法語區鄉村的生育率，下滑速度較比利時荷語區的都市來得快。

而開發中國家的轉型儘管與歐洲國家經驗確有相仿之處，卻也存在極大的差異。最主要的因素在於南方轉型的速度。歐洲的轉型始於較低的生育率和死亡率，且整個過程穩定而緩慢。死亡率下降與生育率下滑間經常只有很短的時間差，這使得人口能以每年低於1%的速度穩定成長。開發程度較低的國家則是從較高的死亡率與生育率開始進入轉型。儘管下滑速度比較快，但死亡率下滑與生育率下降的間隔較長，導致近幾年人口以每年超過2%的速度快速膨脹。

在歐洲及其他已開發經濟體內，我們可以發現改變的速度取決於環境衛生與公共衛生，然後是醫學的新觀念與創新在社會上的出現跟傳播。但在開發程度較低的區域，創新是直接從更富裕的國家輸入，並以驚人的速度普及。其成果就是二十世紀下半葉的死亡率顯著下滑，預期壽命在短短五十年內就增加超過三分之一。期盼減少疾病與死亡的想法普世皆同，但在減少嬰兒數從而達成生育率下降的想法上，卻比較隱晦與複雜。結果，雖然死亡率已經下降，但內在的人口慣性加上社會與文化習俗所抵銷掉的生育率下滑，讓人口急遽膨脹。歐洲曾經出現的馬爾薩斯式婚姻限制——即透過延遲結婚或終身不婚來降低出生率的做法——在南方國家並未出現。

儘管如此，亞洲與拉丁美洲的開發中國家人口，與最低度開發國家（絕大多數位在撒哈拉以南非洲）的人口，仍有顯著的不同，前者普遍試著降低自己的生育率，後者的死亡率下降得更慢，生育率則居高不下。

至於開發中國家，人口轉型理論的相關性受到更大的質疑。儘管許多新興經濟體的生育率與死亡率確實同時下降，但也有國家雖然處於開發中，生育率卻依舊很高的例子。確實，某些學者認為國家間多樣化的規模、歷史、文化、地理和宗教，正在使歐洲的典型人口轉型理論變得更為複雜。

即便如此，仍有不少人認為人口轉型是現代人口學的核心理論，且唯有將人口轉型置於核心，我們才能理解當代的發展。確實，這是區分人口學家與經濟學家的界線。經濟學家普遍認為人口轉型是某種跟隨經濟發展腳步的副產品；人口學家則認為這是一個更為複雜、同時涉及社會文化與經濟因素的進程。當然，甚至也有人認為，人口轉型對經濟造成的影響，大過於經濟因素對轉型帶來的影響，且轉型在發展過程中所扮演的角色，就跟經濟成長一樣重要。

部分人口學家現在開始主張低生育率國家正處於第二次人口轉型，所以生育率才會遠低於替代率。這或許是因為科技進步與勞動市場改變所致，因其改變了婚姻與育兒的成本和反饋。其他人則認為這或許是觀念上的改變加上日益富裕的環境，導致對個人自主與自我實現的重視。特別是，隨著現代避孕技術的出現，性慾與生育之間的演化連結顯然已被打破，生育如今只是個人偏好與文化規範所決定的行為。

# 第七章

# 人口學家的工具箱

本章將審視人口學研究上會使用到的工具、模型、方法、假設以及不確定性。特別是人口學家必須知道自己真的找到了想要理解的事物，且過程所使用的方法與資料來源是可靠的，並能夠準確地回答他們的問題。

一直到二十世紀，人們才開始對生育率、遷徙、年齡結構以及死亡率感興趣。一九〇七年，阿弗雷德·洛特卡（Alfred Lotka）提出了穩定人口的數學運算，展示了在年齡別死亡率與生育率維持不變下，該人口會如何發展出可預測的固定年齡結構。德國人口學家在十九世紀末發展出來的總生育率，則在一九三〇年代開始流行，世代生育率分析也在二戰後熱絡起來。美國的科爾和英國的布拉斯，於一九七〇年代創造出生育率模型。

一九八〇年代與一九九〇年代，為了處理愈來愈容易取得的大量人口資料，數學模式的採用也變得愈來愈成熟。舉例來看，一九九二年用於預測死亡率的李卡特模型（Lee-Carter model），引進了應對隨機變異的能力。現代計算方法的出現提升了人口分析的能力。多變量分析——可評估數個變數間關係進而評估數個自變數與一個應變數間關連的統計技術——也變得可能。多狀態人口學研究人口在各種不同狀態之間的變動，也從傳統的生命表發展而來。它不再僅將出生與死亡視為人口增減的機制，也將結婚、離婚視為進入、退出婚姻人口。在新千禧年時代下，機率、競爭風險和風險函數全都成為人口學家工具箱的一部分。

## 衡量主要驅動力：數據

有一種說法，人口統計的廣度來自普查，而深度則來自調查。人口數據有四個主要來源：人口普查、登記紀錄（registration records）、調查（survey）以及民族誌材料。近期，生物標記（bio-markers）也新增到人口學家的工具箱中。

現代的人口普查被定義為搜集、彙整、出版特定時期與區域內，關於所有人的人口、經濟與社會數據的過程。最初基於徵稅或軍事目的而開始執行的人口普查，一直要到十八世紀末十九世紀初，才開始有常態性的人口普查——美國於一七九〇年開始、英國與法國則到一八〇一年才開始定期人口普查。現在，全球人口中有超過三分之二的人會定期接受人口普查。

生命事件的登記系統一直是人口學家的必要資源。人口動態統計是關於生命事件的數據，被定義為因個人狀態改變而導致人口組成出現變化的事件。這些事件包括真正的生命事件，如出生與死亡，還有次要生命事件如結婚、離婚和遷徙。生命事件登記是官方對此類事件的正式紀錄（透過出生與死亡證明），長久以來一直是人口模型最基本資訊的來源。英國教區內的出生、結婚與死亡紀錄始於十六世紀初，斯堪地那維亞於十七世紀出現強制性的民事登記。但一直要到十九世紀，歐洲其他國家與北美才出現類似的全面性紀錄。

調查對人口分析有顯著的貢獻。其不僅能提供關於當前人口特徵的描述，透過貫時性調查也能對人口變遷的過程有所掌握，此外，調查亦能挖掘出人口統計變項與事件間的關連。早在十九世紀時，布思（Charles Booth）和朗特里（Seebohm Rowntree）就在英格蘭進行了人口組成的調查。二十世紀見證了調查的蓬勃發展，如英國的「國民健康與發展調查」和美國的「美國家庭成長」。二十世紀後期，出現了持續追蹤同一群體的追蹤調查，如美國的「全國生育調查」；以及針對不同但具有全國代表性的樣本進行的縱貫樣本調查，如英國的「一般住戶調查」和美國的「當前人口調查」。一九五〇年代，美國人口委員會推動一系列國際性的「知識－態度－實踐調查」（Knowledge, Attitude, and Practice，KAP 調查）用以評估人們對家庭計劃的知識、態度與實踐。儘管後來受到一定程度的質疑，因為它們假設單靠引入家庭計劃措施就能有效降低開發中國家的生育率。

重大的國家與跨國調查如人口與健康調查（簡稱 DHS）、世界生育率調查（WFS）和健康與退休調查（簡稱 HRS）等，如今已成為理解生育和死亡，乃至於遷徙（雖然程度較低）的重要資料來源。這對人口普查與生命登記系統經常缺乏或不完整的發展中國家而言，尤其重要。然而，調查的健全性、有效性和代表性可能不同，且經常只能反映某國或某地區的人口行為與特質。一直到近幾年，人口學家才發覺透過民族誌研究、參與觀察以及訪談等方法，能在微觀層面上獲得豐富的人口資料。這些通常能提供關於家庭與家戶方面的資訊。

量化遷徙是一項複雜的任務，需要統整不同的資料來源。遷徙分析會使用兩種不同的資料來源：特定地點的移民存量統計，以及特定時間內移入與移出者流量的統計數據。這其中有許多困難。數據來源間缺乏可比性，這限制了對遷移的明確估算；許多國家並沒有記錄單純跨越邊界的移動（如在歐盟之內），或者將此類移動排除在國家分析之外。要想推算一國之內的遷徙狀況，就需要貫時性資料，而遷徙的流量統計則需要依靠一套成熟的資料搜集系統。但這往往被視為政治敏感資訊；在已開發國家內，遷徙規模經常被忽視；而在開發中國家，甚至根本不會去搜集這些資訊。此外，這類系統多是為了行政管理所設置，而不是為了人口研究為出發點，也因此獲得的資訊經常不適合進行人口統計分析。

法國提供了若干關於這些不合適的例子。法國的國際移民局（簡稱OMI）負責搜集關於移民的統計資料。但最新的移民與已經移居該國一段時日的移民，卻都是登記在同一類目下。美國也存在著類似的謬誤，將一入境就獲得永久居留權的移民與數年後才取得資格的移民記錄在一起。且美國與加拿大都沒有公布移出人口的統計數據。比利時與德國將取得或取消永久居留權作為界定移入與移出人口的標準。而北歐國家對來自或前往其他北歐國家的移民，與來自或前往非斯堪地那維亞以外地區的移民，採用不同的定義。更增添複雜性的是，許多國家經常將其他國家歸入一些彼此難以比較的次區域。例如，中華人民共和國和台灣可能同時列在「中國」項下，也可能分別列出；東南亞國家可能會被獨立分列，也有可能屬於東南亞、或甚至是亞洲其他區域（和中國與南亞以示區別）此一大項目之下。美洲則有可能會以北、南、中來區分，也有可能合併在一起。

人口學家面對的最大挑戰就是缺乏可靠且穩固的數據。也因此出現了一連串的方法，試圖利用這些間接資料來源「推算」出人口數據。例如利用存活子女對上出生數來推算嬰兒與兒童的死亡率；或使用喪偶者與孤兒的數據來計算成年人的死亡率。其他的技巧則包括將兩組數據進行連結，以推算出第三組數據，像是以胎次率來計算生育率。此外，還發展出可利用部分數據推算出完整數據的正式模型，包括布拉斯的Logit生命表系統，和科爾－特魯塞爾（Coale-Trussell）生育模型。

## 主要驅動力的測量：方法與模型

死亡率為人口中發生死亡的過程。對死亡事件的統計研究被視為人口學的起點，而死亡率的研究至今仍為該學科的主要焦點。粗死亡率（CDR）的計算為一段時間內的死亡人口數除以該時期內人口所累積的總人年數。倘若我們取一段時間——例如二〇〇〇年至二〇一〇年——我們可以說，一個人每活過一整年，就為該期間的總人年數（period person-year lived, PPYL）貢獻了一個人年（person-year）。我們可以用年來計算人年數，也可以換算成每年中的日數（1/365人年）、小時（1/8766人年），甚至是分鐘與秒數。粗死亡率能明顯反映人口的年齡結構，因為當老年人口所占的比例愈高，CDR也會相應地較高。

預期餘命指的是在特定死亡率條件下，一個人能多存活的平均年數。出生時預期餘命則是根據各年齡層的死亡狀況來計算的。出生時預期餘命的數值範圍，從惡劣的歷史條件下最低的二十年，到現代已開發國家的八十年。

預期壽命的提升是根據特定人口群體的平均壽命計算而來，不應與人類壽命的延長混為一談，後者指的是個別人類所能活到的最長年數。

生命表〔Box 6〕是對某一人口群體死亡情況的詳細描述，列出各年齡層的死亡機率以及其他統計數據〔見表5〕。一份完整的生命表包含了各年齡者的各種函數值，較精簡的生命表則使用年齡層。

生命表的基礎是一組死亡機率，這些機率表示在年齡為$x$歲時仍然存活的人當中，有多少比例會在未滿$x+n$歲之前死亡。根據這組死亡機率，生命表也會提供另一組數值，即從出生存活至各年齡的機率。此外，生命表通常還會列出出生時的預期餘命，或從某特定年齡

BOX 6

## 生命表的歷史

在本書的各章中都曾出現生命表。這也顯示了它在人口學過去與當前的重要性。

一直到19世紀晚期，能分析並呈現死亡數據的生命表，都是正統人口學的核心焦點。葛蘭特於1662年對倫敦《死亡週報》的分析、愛德蒙・哈雷根據布雷斯勞市真實死亡率而於1693年發表的生命表、米恩（Joshua Milne）於1815年將生命表的計算與呈現方式規格化、威廉・法爾製作的自1841年起以十年為單位的英國生命表，全都為現代生命表帶來貢獻。聯合國自1950年代開始、普林斯頓團隊則於1960年代起，透過數學算式以部分資料來製作當代生命表。其中最著名的就是科爾和德梅尼（Paul Demeny）於1966年所發表的生命表。

表5｜生命表

| 年齡 | 男性 | | | 女性 | | |
|---|---|---|---|---|---|---|
| *x* | *lx* | *qx* | *ex* | *lx* | *qx* | *ex* |
| 0 | 100000 | 0.005976 | 75.958 | 100000 | 0.004835 | 80.585 |
| 1 | 99402 | 0.000448 | 75.412 | 99516 | 0.000309 | 79.974 |
| 2 | 99358 | 0.000252 | 74.445 | 99486 | 0.000214 | 78.999 |
| 3 | 99333 | 0.000173 | 73.464 | 99464 | 0.000161 | 78.016 |
| 4 | 99316 | 0.000145 | 72.476 | 99448 | 0.000132 | 77.028 |
| 5 | 99301 | 0.000132 | 71.487 | 99435 | 0.000117 | 76.038 |
| 6 | 99288 | 0.000122 | 70.496 | 99424 | 0.000108 | 75.047 |
| 7 | 99276 | 0.000116 | 69.505 | 99413 | 0.000103 | 74.055 |
| 8 | 99264 | 0.000113 | 68.513 | 99403 | 9.92E-05 | 73.063 |
| 9 | 99253 | 0.000114 | 67.521 | 99393 | 9.81E-05 | 72.070 |
| 10 | 99242 | 0.000118 | 66.528 | 99383 | 9.84E-05 | 71.077 |
| 11 | 99230 | 0.000128 | 65.536 | 99373 | 9.96E-05 | 70.084 |
| 12 | 99217 | 0.000145 | 64.544 | 99363 | 0.000102 | 69.091 |
| 13 | 99203 | 0.00017 | 63.554 | 99353 | 0.000108 | 68.098 |
| 14 | 99186 | 0.00021 | 62.564 | 99343 | 0.000126 | 67.105 |
| 15 | 99165 | 0.000274 | 61.577 | 99330 | 0.00016 | 66.114 |
| 16 | 99138 | 0.000375 | 60.594 | 99314 | 0.000215 | 65.124 |
| 17 | 99101 | 0.000524 | 59.617 | 99293 | 0.000266 | 64.138 |
| 18 | 99049 | 0.000665 | 58.648 | 99266 | 0.000281 | 63.155 |
| 19 | 98983 | 0.00076 | 57.686 | 99239 | 0.000284 | 62.173 |
| 20 | 98908 | 0.000783 | 56.730 | 99210 | 0.000287 | 61.190 |

$l_x$代表某特定國家在2000年至2002年中，每十萬名同性別活產嬰兒中存活到$x$歲的人數，其隨後的死亡率與該國該性別人口的死亡率相似。
$q_x$代表年齡$x$至$(x+1)$間最初的死亡率。
$e_x$為平均預期餘命，即$x$歲者能繼續存活的平均年數。

*x*歲開始的預期餘命。

一份生命表可能建立在完整的經驗數據上，只要我們能取得所有年齡的死亡紀錄以及面臨死亡風險的人口資料。但更多時候，生命表只能利用數學公式，根據不完整的數據建構。此類型的生命表被稱為生命表模型。生命表模型能在人口預測中作為標準假設的參考，並利用出生與死亡的歷史數據來重建各比例。

生育力指的是個人、伴侶、團體或人口的生育表現。有時候會與「生育能力」（fecundity）搞混，後者指的是進行繁衍的生物能力，且可能會也可能不會導致生育的結果。計算人口生育率的主要方法是利用粗出生率（CBR），也就是某一時期內人口的出生數除以該期間內人口所累積的總人年數。該數值經常以一年內每千名人口中有多少出生數來表示。粗出生率明顯反映人口的年齡與性別結構，當人口中有高比例的年輕女性時，其粗出生率會比年輕女性占較少的人口來得高。

總生育率（TFR）則是第二項重要指標。一般而言，TFR 是指育齡婦女平均生下的活產子女數。在技術層面上，TFR是指：若一名女性在其一生中都經歷當前各年齡層的特定生育率，並且存活至其生育年齡結束時，她平均將會生下多少個孩子。

「胎次」（parity）是指一名女性生下的活產嬰兒數，該名詞從拉丁文「parens」衍生而來，意思為父母（parent）。胎次為一的女性有一個孩子，胎次為二的女性有兩個孩子，依此類推。未經產女性則是指零生育經驗者。已完成生育的同出生世代婦女胎次算法，可透過單純地加總每名女性的胎次數再除以女性總數來計算。

步調（tempo）指的是出生的時間，數量（quantum）指的是一生的生育數。最近生育數字的下滑反應了生育步調的改變——尤其是女性延遲產下第一胎的年齡以及拉長兩胎間的間隔，還有數量的改變——實際上生下來的數量。人口學家同時也區別間隔行為（雙親利用避孕等方式來控制兩胎之間的間隔）與終止行為（利用避孕或絕育手段來避免後續可能的出生）。生育的直接決定因素是直接影響生育率的生物學與行為因素，而社會、經濟等背景因素正是透過這些因素來間接影響生育行為。有時也會使用另一個詞彙——「中介生育變項」來表示。例如避孕與婚姻皆為變項之一〔Box 7〕。

BOX 7

## 邦加茲的分解方法

邦加茲（John Bongaarts）的分解方法將影響生育率變化的四大近似決定因素進行量化。

1. 已婚女性的比例
2. 避孕的使用與有效性
3. 人工流產
4. 產後不孕——或生產後不易受孕時期。

在某些人口中，生育率變化有96%是因為這四大因素。

對一個人口群體中婚姻或正式性伴侶關係的發生頻率、解體情形及其特徵的研究，稱為婚姻研究。現在這也包括了同居關係——沒有法律宣告紀錄的穩定結合，也稱作「習俗式婚姻」、「普通法婚姻」或「友伴式婚姻」。這類性伴侶關係如今越來越多地被統稱為配偶關係。由於婚姻狀況與生育行為密切相關，因此在人口學分析中占有重要地位。粗結婚率是指人口內的結婚數量；年齡別結婚率能進行更細節的分析，且可以透過婚姻表來呈現。

避孕是指存在性行為的伴侶用以預防懷孕的措施，可能是為了終止、限制或延後生育。多數社會皆存在避孕方法，包括了禁慾或哺乳。特別受到關注的是對現代避孕或家庭計劃的未滿足需求。這是指在十五至四十九歲、處於性伴侶關係中的女性中，那些希望延後或避免懷孕，卻沒有採用任何避孕方法的比例。作為一項人口統計指標，這個比例必須與理想家庭規模一同記錄，因為女性期望的子女數可能大於或小於當前的總生育率。

遷徙研究區分國內移動與國際遷移。國內移動可能是從鄉村到城市、城市到城市，或鄉村到鄉村，而在某些已開發經濟體內，也會出現少量從都市遷往鄉村的情況。至於國際遷移，則是跨越國家與地區邊界的移動。部分學者認為，由於可得的統計數據過於零碎和趨勢的無常性，去發展複雜的統計遷徙模型並沒有太大的意義。

遷徙的基本計算為遷入率的計算：

$$IR = I / P \times k$$

其中，$I$指的是遷入數，P代表該國或指定區域的人口，$k$為常數，多為1,000。

遷出為：

$$OR = O / P \times k$$

而淨遷徙率為：

$$NR = I - O / P \times k$$

方法論上，簡單的矩陣能用來預測此類移動，較複雜的模型如利用布朗運動數學運算的隨機漫步，則能展示遷徙的模式。我們還可以將用於散布的隨機漫步模型與描述成長的邏輯模型結合。在結合兩個模型後，我們可以看到人口成長似乎會與密度相呼應，一般而言，某區域中心的大量人口會放緩成長腳步，同時邊緣地區的人口會繼續成長。而此類應用的其中一個例子，就是將新石器轉型以後歐洲人口的遷徙情況進行模型化。

過去數世紀大量人口移往都市的情況，導致了都市群的成長，而我們可以透過等級／大小（rank-size）的圖表進行研究。這在判斷城市的某些特質（如規模）是受哪些原則所決定時，是相當有用的工具（見圖4）。將美國人口最多的幾個城市進行排名，水平軸畫的是城市排名的負對數，縱軸則標示人口數的對數。這是一個冪次分布，其中有少數幾個的規模大於其他，且占總規模

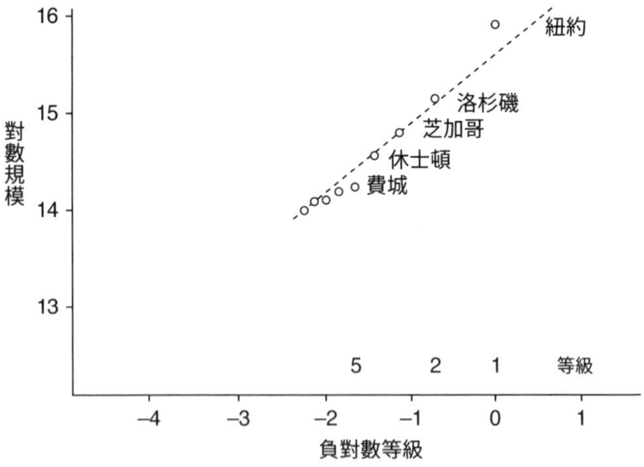


圖4｜美國城市的等級／大小圖，2010。

極大部分。就此例來看，少數幾座城市就塞滿了美國極高比例的都市人口。而這樣的冪定律在其他許多領域都能看到，包括天文學（就每個銀河系的質量來看），以及經濟學（極少數者握有絕大多數的財富）。

人口學家同時也對主要驅動力間的交互作用感興趣；例如遷徙跟生育率的關連。具性別選擇性的遷徙，經常會使男性與女性分離，導致遷徙目的地或出發地的生育機會減少。女性自身的遷徙行為也可能擾斷其生育過程，儘管某些證據也顯示了剛遷徙的女性，其生育率反而上升，這或許是出於目的地區域所擁有的醫療、福利與教育的新機會。

# 第八章

# 人口金字塔與推計

人口學的一項關鍵概念就是人口金字塔。年齡金字塔是由兩組中心相接的條狀圖所構成，傳統上近似於埃及金字塔。縱軸標記年齡，底部為最年輕，頂部為最年長，而從縱軸向右延伸的直條圖代表女性，向左則為男性。因此，一份年齡金字塔圖可以顯示人口的年齡與性別分布（見圖5）。許多現代的年齡金字塔更像摩天大樓或花瓶，因其生育數下降且預期壽命增加。

人口變化是以平衡方程式來表示，可以這樣表述：

$$P_2 = P_1 + B - D + I - E$$

其中，$P_2$和$P_1$代表兩個不同時日的人口數量，$B$代

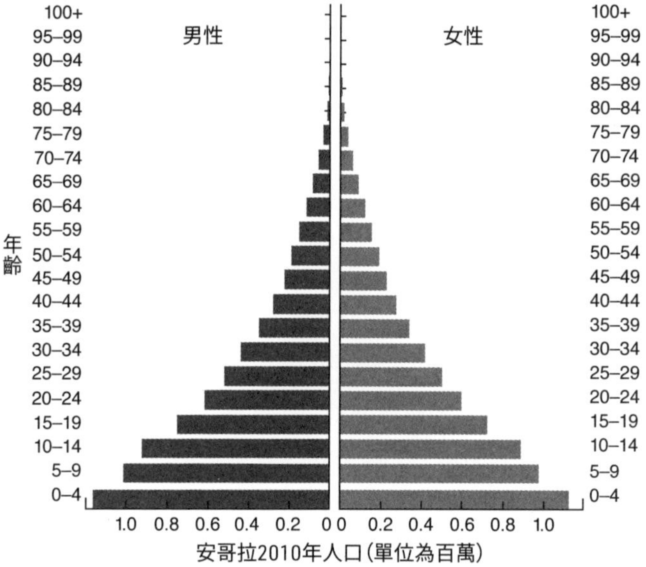


圖5｜安哥拉2010年的人口金字塔。

表出生，*D*代表死亡，*I*代表移入，*E*代表移出。

雖然這個方程式可以用於國家或地區，但全球人口為一封閉系統，只能透過出生進入，以死亡離開，且當前沒有移入或離開地球的移動發生。而封閉人口的算式可以這樣表示：

$$P(t+n) = P(t) + B(t) - D(t)$$

其中 $P(t)$ 代表時間點 $t$ 的人口數量，$n$ 則代表時期的長度，$B(t)$ 代表 $t$ 時間點下的出生，$D(t)$ 代表 $t$ 時間點下的死亡。

有些人口學家偏好使用 $K$ 來表示人口數，因為 $P$ 容易與機率的符號混淆。因此，你們或許會見到這樣的算式

$$K_2 = K_1 + B - D + I - E$$

$$K(t+n) = K(t) + B(t) - D(t)$$

二〇一三至二〇一四年間全球人口變化的平衡方程式為

$$P(2013) + B(2013) - D(2013) = P(2014)$$

$$6{,}851+140-57=6{,}934$$

（單位為百萬人）

## 年齡、時期、世代

個人的人口行為會受其年齡、生存期間以及共享的世代經驗所影響。年齡—時期—世代效應為人口學分析的核心。舉例來說，牙醫可能會發現牙齒健康會隨年齡增長而下降（年齡效果），但他們也可能注意到一九六〇年代以後出生的人蛀牙情況顯著地減少，因為飲用水中加了能保護牙齒避免蛀牙的氟（世代效應），以及在當代嶄新的牙醫技術下，所有患者——無論其年齡或出生年代，其牙齒健康都獲得了改善（時期或時代效應）。

人口學家現在會使用複雜的模型來處理這些交互關係。其中包括了生育率指標如淨再生產率（Net Reproduction Ratio, NRR），指每位潛在母親（不論她是否能夠存活至育齡並完成生育）平均所生的女嬰數量。世代特定年齡生育率（age-specific fertility rate），指某一世代女性在年齡 $x$ 到 $x+n$ 之間每人年所生的孩子數，以及時期特定年齡生育率（Period Age-Specific Fertility Rate）是以某一特定時期內出生的嬰兒數取代上述世代人年數所計算的生育率。

其中最早的模型之一是科爾—特魯塞爾生育模型，於一九七〇年代發展，至今仍廣泛用於偵測「按胎次避孕」的行為，也就是根據母親已有子女數量來決定是否避孕。這也是一個更適合套用在歷史數據上的模型實例，但面對現代避孕決策的複雜性，其適宜性就沒有那麼高了。舉例來看，該模型假設年齡愈長的女性，其胎次、或生育的子女數目也會愈高。然而，在當代已開發經濟體如北美或歐洲社會裡，許多女性延遲結婚與生育首胎的時間，我們觀察到的現象是：避孕措施使用率高、胎次低，但三十五歲以上女性的生育率卻偏高。以現代社會生育率為主題的研究，重點在於不僅僅去觀察使用避孕手段後的生育數量，同時還要留意生育間隔成為「家庭限度」（family limitation）的一種方式。

就死亡率來看，萊克希斯圖能同時展現個人與特定世代由生至死的生命線。我們也可以引入存活率與死亡率等指標，作為某特定世代隨年齡變化的函數。我們也可以加入成長率和風險率——其中風險率是用來衡量每一個年齡或時期內發生死亡的機率。這些公式中最著名的一個是岡珀茨模型（見第四章），它用來建構風險函數——也就是隨著個體年齡增長，死亡機率如何變化的數學模型。該模型最早由英國保險精算師班傑明·岡珀茨於一八二五年首次提出，用來描述他所觀察到的特定年齡死亡率模式。當代則已發展出更為複雜的死亡率模型。例如，李卡特模型包括了年齡別死亡率，並引進了隨機變異性，將時間參數視作時間序列，利用過去的波動來預測未來死亡率的不確定性範圍。

## 年齡結構

長久以來，人們都知道生育率、死亡率和遷徙三項人口驅動力，會影響人口的年齡分布。一七六〇年，歐拉（Leonhard Paul Euler）提出「穩定人口」的概念。此概念也在阿弗雷德·洛特卡的努力下，於一九〇七年臻於完善。兩人都明確指出，在沒有發生移入或移出的封閉人口內，倘若生育率和死亡率在任一時間內維持不變，那麼就會形成固定的年齡結構，且該結構與初始年紀結構無關。所謂穩定人口指其年齡結構固定不變，即使人口總數可能增加或減少。然而，如果人口總數既不成長也不萎縮，這樣的狀態則被稱為「靜止人口」。

我們可以研究這三種驅動力如何分別影響年齡結構。舉例來說，生育層的改變會影響人口中最年輕的族群，但也會接著一路慢慢地影響較年長的族群。生育率下滑意味著新生命減少，人口金字塔的底端變窄。觀察人口金字塔圖，我們能看到嬰兒潮與緊接著的嬰兒荒，導致了圖表上出現早期的隆起，並隨著嬰兒潮世代逐漸老去而向上推移。英國二十世紀的人口金字塔清楚地顯

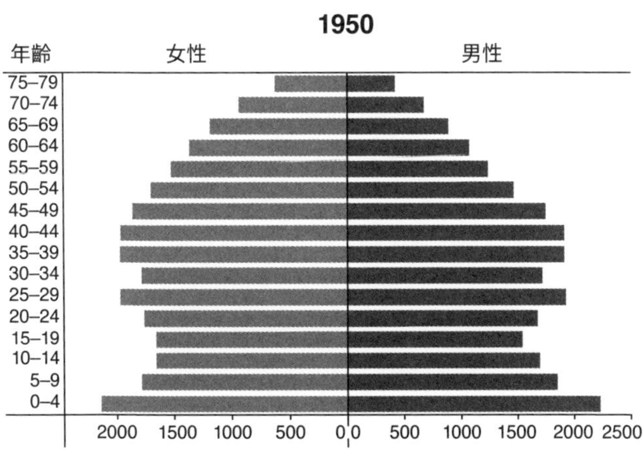


圖6｜英國人口金字塔，1950年。

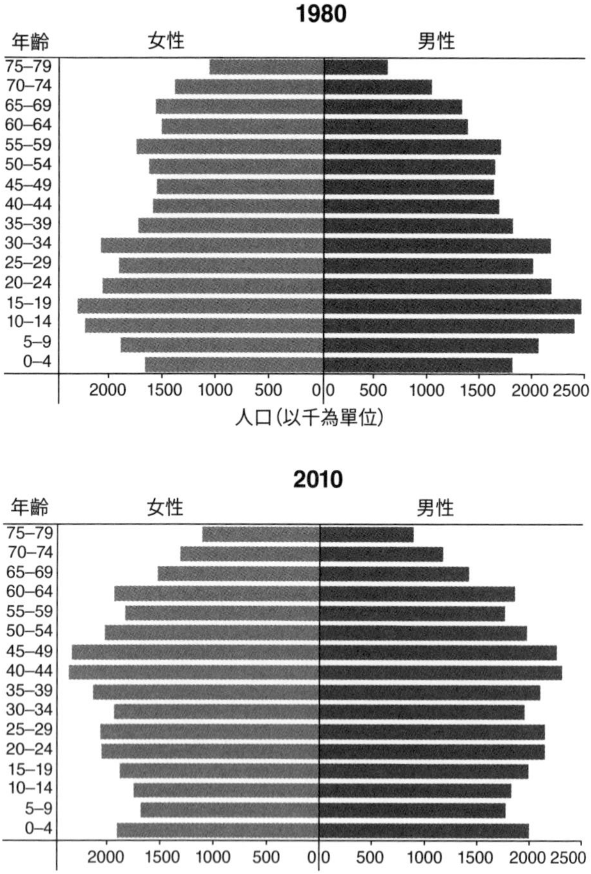


圖6（續前頁）｜英國人口金字塔，1980年和2010年。

示出一九四六年的嬰兒潮，之後出生率逐漸下降，直到一九五七年開始緩慢回升，並在一九六〇年代初出現英國的小型嬰兒潮（見圖6）。隨著圖中年代的推移，可以觀察到這波嬰兒潮在一九七〇與一九八〇年代成為年輕的勞動人口；到了二〇二〇年代則逐漸邁入退休年齡。金字塔同時也會受死亡率影響，隨著一九六〇年代嬰兒潮世代的終身死亡率下滑，意味著該世代中有極高比例的人口在退休時和退休後仍存活著，而自一九七〇年代中期開始，英國的出生率逐漸下降，但這一趨勢在某種程度上被過去四十年間大量進入英國的工作年齡移民所部分彌補。

或者回想我們在第五章討論到生育率、死亡率和遷徙的評估後，顯然能看到年齡結構本身對生命事件有重大影響。例如，若某個年齡群體中有很高比例的個體處於生育、死亡或遷徙的高風險期，那麼這些事件的發生頻率自然會高於該年齡群體規模較小時。因此，許多人口學方法在計算生育率、死亡率與遷徙時，試圖控制年齡結構的影響。

就人口動態而言，一個年齡結構年輕、育齡女性眾多的社會，不僅會導致當前出生人口數量增加，還可能在二、三十年後再次出現大量出生，因為這些現在的女嬰長大後也會進入生育年齡並成為母親。這也解釋了為什麼許多開發中國家即使目前的生育率低於替代水準，人口仍持續增長——因為這些國家早期出生了大量女嬰，所累積下來的人口慣性會讓人口在未來一段時間內持續成長，即使這些女嬰長大後生的小孩數量已經不多。

萊克希斯圖（圖7）誕生於一八七五年，由德國統

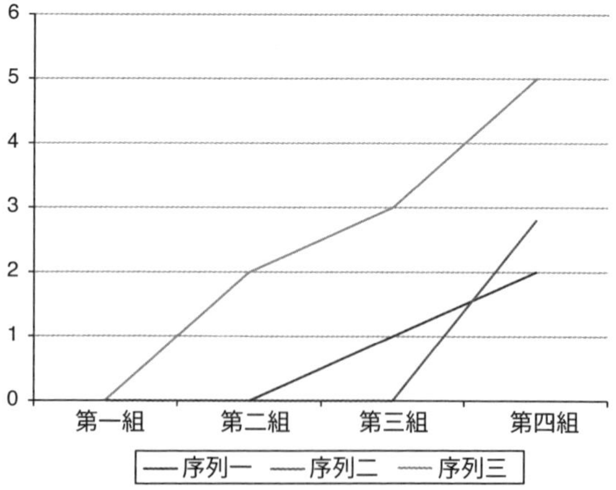


圖7｜萊克希斯圖。

計學家威爾赫姆・萊克希斯所創，展示了時期與出生世代間的關係。這是一張由標示著時間順序的水平軸與標誌年齡的縱軸所構成的網格圖，每條對角線以四十五度角自橫軸向上延伸，用來區分不同的出生世代。原本這些對角線其實是向下延伸的。每一條線代表著一個人，從其出生日期與年齡（零歲）開始。這條線以四十五度角向上延伸，是因為這樣的斜率等於一，而每個人每一年都會增加一歲。每條生命線都會一直向上延伸，並終止在此人過世的年紀。如果在圖上某一特定時間點畫一條垂直線，那麼該線穿過的生命線數量就代表當時仍在世的人數，也就是該時間點的總人口數。

## 人口推計

第一個現代化的全球人口推計是在一九四五年，由普林斯頓人口研究辦公室的諾特斯汀使用世代組成法（cohort component method）完成的，該方法明確考慮了人口的年齡與性別結構。

聯合國自一九五八年起，針對所有國家發表一系列的評估與推計。在一九七八年之前，這些推計每五年就會進行一次修訂，之後則是每兩年修訂一次。聯合國最近一次評估的時間軸拉到了二〇五〇年。聯合國世界人口展望系列也不定期發布更長期的人口推計，時間範圍甚至延伸至二一五〇年至二三〇〇年。

自一九七八以來，世界銀行也製作了獨立的人口推計（一般是利用單一變項配上延伸至二一五〇年的長時間跨度），約每兩年修訂一次。

人口資料局每年會公布單一變項世界人口規模推計。從二〇〇〇年起，其針對所有國家與地區發表了二〇二五年和二〇五〇年間的人口規模推計。國際應用系統分析研究所（簡稱ILASA）的全球人口計畫，則自一九九四年起針對全球十三大區域製作了全球人口推計，並於二〇一二年針對所有國家的年齡、性別與教育程度，製作了全新一組以科學為根基的人口推計。

## 推計方法

人口推計的目標是預見人口的未來。這些是根據對未來人口動態統計數據的假設，透過公式來執行計算。推計與預測是不一樣的。預測帶有預言的性質。而基本的人口推計則是將性別與年齡視作人口最主要的區分。通過這些變項來推計未來人口的主要工具為萊斯利矩陣——這是以一九四五年發表此公式的派崔克・萊斯利（Patrick J. Leslie）為名。萊斯利矩陣是一種轉移模型，結合了生育與死亡的影響來產生人口變化。模型中各個狀態對應的是不同的年齡組，而轉移過程則是指生存與出生。人口推計是逐步進行的，每次向前推進一個時間單位。

最常用的人口推計方法是組成法。在這些方法中，會分別對人口變動的各個組成部分——出生、死亡與遷徙——進行估計。若同時對各年齡組進行估計，則使用的是世代組成法。近年來也發展出各種先進的多狀態模型（multi-state models），以提升人口預測的穩健性。但無論這些模型變得多麼地複雜精緻，仍舊只能依賴對未來

表6｜萊斯利矩陣

| | **0 to 5** | **5 to 10** | **10 to 15** | **15 to 20** | **20 to 25** |
|---|---|---|---|---|---|
| 0 to 5 | 小孩 | 小孩 | 小孩 | 小孩 | 小孩 |
| 5 to 10 | 存活者 | 0 | 0 | 0 | 0 |
| 10 to 15 | 0 | 存活者 | 0 | 0 | 0 |
| 15 to 20 | 0 | 0 | 存活者 | 0 | 0 |
| 20 to 25 | 0 | 0 | 0 | 存活者 | 0 |

生育率、死亡率與遷徙狀態的假設。人們普遍認為，儘管現在的統計模型變得非常複雜，但在理解人口動態的理論根基上，仍需要更大程度的預測能力。

萊斯利矩陣是一種表格，其列與欄顯示的是個體從欄位標示的年齡組出發，並沿對角線移動到列標示的年齡組時的預期人數。第一列包含反映生育率與存活率水平的係數；主副對角線上則表示從一個年齡組存活到下一個年齡組機率的存活比率。在將資料輸入矩陣之前，會先填入邏輯上的零值。舉例來看，在〔表6〕中，零至五歲的年齡組不會生下任何嬰兒，因此該項元素為零。簡單萊斯利矩陣的複雜版，則涉及連續性的年齡與

BOX 8

## 更新方程式

「我們每個人——以及與我們相似的所有人——在婚姻、養育與促進生存的行為上所做的決定，將構成未來萊斯利矩陣的要素，為全球人口沿著萊克希斯圖推進的歷程編寫劇本，並賦予『人口更新方程式』發揮作用的力量。」（肯尼斯・瓦赫特〔Kenneth W. Wachter〕）

人口的更新發生在新生個體取代最近去世的人口之時。以目前的壽命水準來看，全球人口要完成一次全面的更新，大約需要一個多世紀的時間。

這個過程可以用更新方程式來表示：

$$B(t) = beta \ / \ alpha \ B(t\text{-}a) \ l(a) \ m(a) \ da + G(t)$$

這表示在時間 $t$ 的出生人數 $B(t)$，是由生育年齡範圍 α 到 β 內的總和所決定的。這個總和包括：在 a 年前出生的人數，乘以這些人在當下仍存活的機率 $l(a)$，再乘以她們在 $a$ 到 $a+da$ 時期內生育的機率 $m(a)$。此外，還必須加上已經由女性所生的出生人數 $G(t)$。

時間。在連續時間下進行推計稱為人口更新，其核心概念是：過去的嬰兒成為現在的母親，並將誕生未來的嬰兒〔Box 8〕。在這類複雜模式型中，存活組成涉及多狀態表格，不僅包括存活與死亡，還涵蓋疾病與失能狀態等。因此，個體會進入、退出，再進入與再次退出這些不同的狀態。

# 第九章

# 次領域的興起

儘管多數的社會科學領域以處理人為主，但其中有些領域對於人口分析與人口理論發展出獨特的興趣，而這些研究也已被正式納入人口學的次領域。他們大多展現了主流學科下某一區塊與人口學的融合。儘管以下許多都可以被視作不同的次領域（通常都有屬於自己的專業組織和／或學術期刊），但某些領域間的區別，可能過於刻意或甚至有些任意。空間人口學、社會人口學和人口研究經常很難區分；生物人口學與遺傳學所面對的新的複雜性，則愈來愈需要借用數理人口學成熟的模型；而家庭組建、結婚、離婚或經濟人口學家所研究的代間轉移等家庭行為，有時又與家庭人口學中近似的研究難以區分。在許多情況下，只能取決於你到何處發表研究、屬於哪個學會、以及參加了哪些年度會議，好將研究結果歸類到某個次領域中。除去這些紛擾，人口學這一整體學科，仍因過去幾十年間這些新嘗試及對新方法與新理論領域的探索而獲得了極大的發展。

## 人類人口學

人類人口學運用人類學的理論與方法，提供對人口現象更好的理解。它反映出社會人類學與人口學的融合，儘管就技術上而言，它僅限於與人類小型社群中的生育、死亡及遷徙的人口學研究，但實務上，其涉及一般的人口過程。這兩個方法論迥異的學科在此交會，被視作一種正向的互動，結合了對人口規模與結構及其隨時間與空間變化之動態力量的關注，與人類學對塑造人類群體生產與再生產之社會組織的關注。這種途徑結合了定量與定性的方法，應用於個案研究，既依賴民族誌田野調查和參與式觀察，也依賴對次級資料和歷史材料的詮釋性閱讀。

自一九八〇年代起，被定義為人類人口學的學術論文開始出現在人口學與人類學期刊，且從一九九〇年代開始，專業的人口學術會議上也出現人類人口學此一場次。事實上，本書作者就曾經面臨過兩難的抉擇：一九九五年於舊金山舉辦的美國人口學會年會上，不知道應該要去人類人口學的場次，還是參加就在同一條走廊上、對面房間的人口人類學場次，前者是由對人類學感興趣的人口學家所主辦，後者則是由對人口學感興趣的人類學家所主辦。

來自人類人口學的觀點為歐洲生育計畫帶來了重要的貢獻，帶來了對文化環境在生育率下降中所扮演重要角色的理解，這種理解是獨立於社會經濟因素之外的，並將文化與觀念改變的面向帶入人口轉型理論之中。

## 生物人口學

生物人口學可以被視為人口學、演化生物學和遺傳學的結合。通常涉及生物指標的搜集與建模，並結合樣本調查與貫時性研究。有人認為將傳統的人口數據與基因數據關連在一起，能闡明基因－環境的交互作用。

例如，在人類樣本中，若能有足夠的超高齡人口代表，能讓我們辨別出集中在百歲人瑞身上的等位基因。同樣地，透過數學公式來描述經由演化所塑造的基因影響，能讓我們更清楚了解不同年齡的死亡風險與生存率中哪些部分是可以遺傳的。

生物人口學的發展，是在理查德．蘇茲曼（Richard Suzman）領導下，由美國國家老化研究院（NIA）行為與社會研究部門直接推動的。該單位於一九九七年所出版的《在宙斯與鮭魚之間》，尤其被視作此領域早期研究的指標性大全。同時，有關生育與家庭的生物人口學研究，則體現在二〇〇三年出版的《後代》中，該書是由美國兒童健康與人類發展研究所資助。

研究者認為，通過實驗性與觀察性數據以及數學和理論上的發展，生物人口學的創新研究，對傳統的長壽演化理論提出了挑戰。人口學觀點影響了生物學家的研究策略，使他們開始重視利用大母體研究估計生命表的價值，並認識到需要進行比較性的形式建模。人口學家引入了長壽的演化理論，並因此發展出與人類學家的合作，重新思考關於基因與生物因素如何在演化環境中塑造出特定年齡生命指標的假設。無疑地，基因科學未來所扮演的角色，勢必會為此一新次領域帶來更多的轉變與挑戰。

## 經濟人口學或人口經濟學

經濟人口學或人口經濟學（demographic economics , population economics），或許可以被視為一派專門研究人口與經濟關係的人口學研究分支，將經濟分析運用在關於人口規模、成長、密度、分布及人口動態統計的研究。儘管許多人視其為勞動經濟學的補充，但這個次領域的研究者也會關注更廣泛的議題，像是人口成長與經濟發展的關係、人口老化及其改變的扶養比對經濟造成的影響，以及經濟因素在人口生育率、死亡率及遷徙方面的重大影響。微觀層面的主題以檢驗個人、家戶或家庭行為為主，包括家戶的組建、結婚、離婚、生育抉擇、教育、勞動力供給、遷徙、健康、風險行為與老化。宏觀層面的研究則探討人口與經濟成長的關聯、人口對所得與財富分配的影響、人口政策、儲蓄與退休金、社會安全、住房和醫療照顧。

伯納德・范・普拉克(Bernard van Praag)為一九八六年成立的歐洲人口經濟學會(簡稱ESPE)的創始會長,該學會的宗旨為針對人力資本與人口變項在經濟學中所扮演的角色,進行理論與應用層面的研究。他同時也是《人口經濟學期刊》和《健康經濟學期刊》的共同編輯,後者是刊載關於人口經濟學領域內原創理論與應用研究的國際季刊。

## 家庭人口學

家庭人口學主要關注的是家庭與家戶,並聚焦於共同居住群體中的親屬。此次領域的目標是將社會文化研究置於人口動態的中心,承認人類社會對繁衍的控制,從而理解童年、婚姻和親子關係以及共同居住動態的重要性。因此,家庭特徵有三個面向。第一是婚姻關係,婚姻結盟的成立與解散。第二則是血親,家長與孩子間的關係。第三是居住,最簡單的模式為核心家庭——婚姻與血親的結合,亦即家長與孩子,較複雜的家戶組成則包括了一起居住的團體或親屬，稱為同居。

國際人口科學研究聯合會於一九八二年成立了「家庭人口學與生命週期科學委員會」，以促進該領域的研究。有些人視之為該次領域的正式起點。當時，研究的焦點主要放在家戶組成與家庭結構、家庭生命週期、親屬模式、多狀態生命表和家戶預測方面的評估與衡量。現在，家庭人口學運用大量個人層級的普查資料，進行家庭與家戶組成的比較研究，以及就宏觀與微觀層面所進行的多樣化研究主題範疇，包括從多代家戶、兒童與媒體使用到「銀髮離婚」。

## 歷史人口學

歷史人口學被界定為研究過去的人口規模與結構、人口改變的元素（生育、死亡與遷徙），以及影響這些元素的要件的學問。理論上，它包括了所有過去的人口；然而，有關史前人口的研究，一般則會歸類於古人口學（palaeodemography）的次領域之下。

資料來源的特殊性賦予此一次領域在人口學內的

特殊挑戰與獨特性。通常，無法取得人口普查與人口動態統計資料的歷史人口學，必須仰賴其他來源，例如教區紀錄和非為人口統計目的而編製的姓名名冊。舉例來說，教區紀錄並不會收集出生與死亡的資訊，但會記錄受洗與葬禮的日子；而歷史性名單則是基於徵稅或服役的目的。

因此，歷史人口學家也發展出一套獨特的方法學。最主要的是「家庭重建」，這是一種紀錄連結的方法，將教區登記簿中的資訊重新組織成家庭歷史，從而可以計算出標準的人口學指標。該方法於一九五〇年代出現在法國，研究者找出關於一對夫妻或一段婚姻的資訊，如結婚日期、伴侶或孩子的出生及死亡時間等。透過此種方法，我們就有可能完整重建一整個家族（見圖8）。部分人口學家界定所謂的「歷史人口學」，僅限於此種微觀人口學方法。

人們普遍認為，法國這種利用教區紀錄來重建家庭的方法，在極大程度上應歸功於經濟歷史學家皮埃爾·古貝爾（Pierre Goubert）與專業人口學家路易斯·亨利（Louis Henry）。亨利特別想要確認自己所謂的「自然生

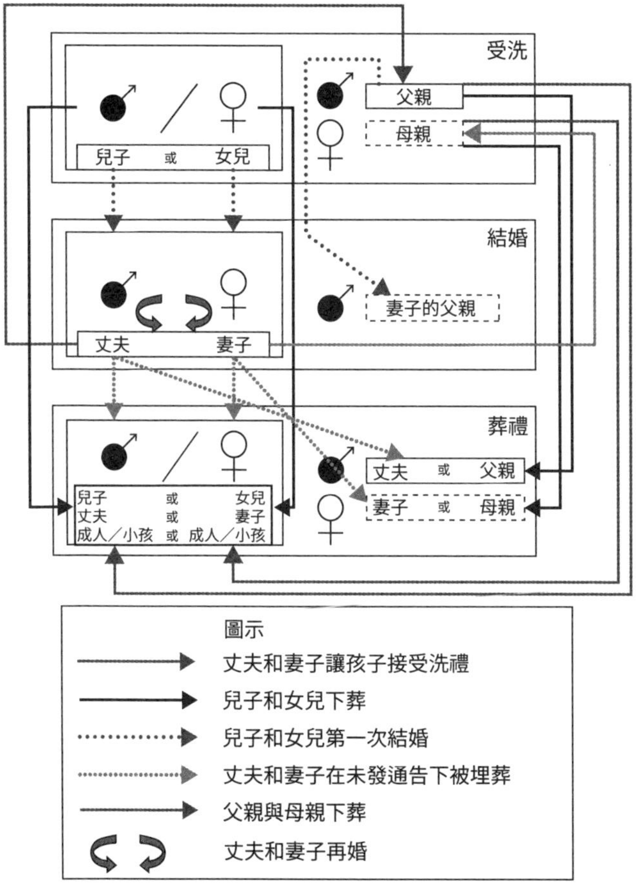
受洗
兒子 或 女兒
父親
母親
結婚
妻子的父親
丈夫 妻子
葬禮
丈夫 或 父親
妻子 或 母親
兒子 或 女兒
丈夫 或 妻子
成人／小孩 或 成人／小孩
圖示
丈夫和妻子讓孩子接受洗禮
兒子和女兒下葬
兒子和女兒第一次結婚
丈夫和妻子在未發通告下被埋葬
父親與母親下葬
丈夫和妻子再婚

圖8｜家庭重建模式範例。

育力」的程度與時程——在婚內生育尚未受到有意控制之前。這被視為人口研究史上的一個重要時刻，因為家庭重建方法讓歷史學家和人口學家能夠攜手進行世代分析。

一九六〇年，歷史人口學家的第一個官方組織成立了，為國際歷史人口學委員會（簡稱ICHD）。一九六四年，劍橋大學人口與社會結構歷史小組成立，為社會科學史帶來了學科轉型的貢獻。這包括了歷史人口學與家戶結構的研究，以及這些元素和福利制度、職業結構間的相互依賴性。這個小組最了不起的貢獻，就是將人口學與經濟社會史結合。二〇一四年，在法國的歷史人口學會（簡稱SDH）、歷史人口協會（簡稱ADEH）及義大利歷史人口協會（簡稱SIDeS）的幫助下，「歐洲歷史人口學協會」創立了。該協會的目的為促進對歐洲歷史人口學研究感興趣、或正在從事該研究的學者間合作，並激發歐盟內科學計畫、機構及政府單位對人口議題的關注程度。

## 數理人口學

數理人口學或可定義為：利用數學詞彙呈現人口統計變項、分析內容及交互作用。洛特卡以數學表現穩定人口的研究，被有些人視為人口理論史上最了不起的單一貢獻。洛特卡的研究點出了慣性對未來人口成長的重要性。換句話說，年輕人口結構形塑人口成長的程度與模式，直到進入穩定的人口階段。奈森・凱菲茨（Nathan Keyfitz）則因為揭開了資料、模型與理論間複雜的數學交互作用，而被視為此一偉大數學人口學家的重要繼承者。

數理人口學最具影響力的研究，莫過於一九二五年的經典文章〈論真實人口自然成長率〉。洛特卡和路易斯・都柏林（Louis Dublin）在該文指出，美國長住人口中出生數超過死亡數的情況，事實上是因為當時正值生育高峰年齡層的男女比例過高所造成的假象。而這樣的年齡分布本身為高移民率造成的。假使美國人口「穩定」，亦即沒有遷入或遷出、並且遵循現有的各年齡層出生率與死亡率模式，那麼美國將停在一個穩定不變的年齡分布上，並擁有典型的超低成長率。洛特卡呼籲美國應該要關注人口衰退的問題。

奈森・凱菲茨（1913-2010）漫長且成果豐碩的職業生涯，為人口學帶來了根本又極具影響力的貢獻。他的研究風格以方法的優雅與洞察的深度著稱，這來自於他對模型、資料與詮釋三者相互作用的深刻理解。為紀念他一百歲冥誕所舉行的一場研討會，邀集各領域的科學家，共同研究他所謂的「人口數學」。這場研討會的主要目的是提供一個論壇，展示目前在「人口數學」的研究成果。會議的內容涵蓋人類與非人類群體的研究，包括理論性與應用性的各類研究。

## 古人口學

古人口學著重研究史前人口成長與人口結構的模式，其中包括了預期壽命、不同年齡的死亡率，以及整體健康與福祉指標。該領域與考古學及體質人類學（physical anthropology）密切相關，需仰賴非文字史料包括人類和考古遺跡。學者們稱自己所處的領域為對史前人口的推測，而非精密科學。墓地鮮少能代表全體人口，尤其是在許多情況下，不同的大家庭、地位群體或年齡群體會分開埋葬。此外，因為戰爭、意外或疾病而造成的死亡，更容易在骨骸上留下可辨識的痕跡，導致其他疾病或健康良好的痕跡被忽略。

其中兩個特別有趣的領域為年齡的估算，以及疾病與死因的推估。研究過去人口疾病的學問，稱為古病理學。年齡的估算依據個別骨骼中最為可靠的年齡標記，如牙齒發育及關節的閉合。該領域如今已經累計了大量的人類骨骸資料庫，可以將各個測量結果進行比較。飲食、健康與氣候明顯地影響這些測量，導致判定成年人的年齡變得相當困難。儘管某些疾病可以透過個人的牙齒或骨病變來辨識——因生物壓力如營養不良會顯現生長緩慢的情況，但許多疾病並不會在骨頭上留下痕跡，或只有在病入膏肓後才表現在骨骼上。骨頭的損傷可能是因為意外或戰爭，而有害的工作環境也可能會在骨頭上留下痕跡。

不過，隨著新方法的進展，目前已經展現出一些令人期待的成果。舉例來說，透過鑑定人類骨頭上的微生物DNA來確認病原體的存在，並依此判斷疾病的存在。同樣地，藉由分析人骨上的穩定同位素，讓研究者得以判斷一個人的出生地和其度過童年與成年生活的地方。

對廣泛人口學界特別重要的一組研究，是讓－皮埃爾・博凱－阿佩爾（Jean-Pierre Bocquet-Appel）關於新石器時代人口轉型的證據分析，他的研究是基於考古遺址在空間與時間上的分布。這些研究結果被用來表明現代人類與尼安德塔人在史前時代歐洲的出現、擴張與萎縮，以及這些狩獵採集者的人口密度與技術及氣候條件的關係。

## 人口地理學或空間人口學

人口學家和地理學家近期開始聯手打造模型，探索空間、地點與人口移動的關係。然而，有人認為人口學中的空間思維與分析最早至少可以追溯至十九世紀法國的「道德統計」（la statistique morale）時期。這些研究傳統上較關注如遷徙、都市化與鄉村人口流失的議題，但漸漸地不再只是使用人口統計數據，也越來越多地結合社會與經濟方面的測量，例如財富、社會與經濟資本的可得性、不平等等，並將這些測量與空間分布結合起來。許多當代調查如人口與健康調查（DHS）、世界生育率調查（WFS）、多指標叢集調查（簡稱MICS），現在也包括了空間數據。

近幾十年來，這些研究運用了複雜的電腦化地理資訊系統（或稱GIS）獲得大幅提升。現在，衛星的全球定位系統能讓使用者對全球各地點標定座標，同時，谷歌地球與更為進階的數位地球（Digital Earth）則讓人口統計數據能透過視覺上的空間表述來與其他量化資料做連結。事實上，正是這些新科技的發展，推動了這一個次領域。新的資料格式將同時標示地理位置與時間戳記，從而帶來了無與倫比的空間與時間精確性。新一代的活動空間研究，在加速儀、GPS和智慧型手機等可以持續監測人們位置的科技運用下，開始發展。空間人口學家認為，這些技術發展以及新的時空精確度，具有極大的潛力，可以提升我們對人類空間行為的功能性理解，並促進我們以新的方式思考空間的相對與絕對利用。駕馭這些令人振奮的新科技的研究者，如今面臨的最大挑戰是必須確定研究的優先順序，以有效推動空間人口學在當前社會重大議題中的應用。因此，這個領域的新研究問題涵蓋了多種議題，如美國的青少年懷孕、迦納首都阿克拉的兒童死亡率、波士頓的種族隔離與健康、馬達加斯加的移民與農村生活，以及芝加哥的犯罪與相關人口因素。二〇一三年，《空間人口學期刊》也正式成立。

## 人口研究

人口研究是一門跨學科的研究領域，吸引著擁有人口學、流行病學、社會學、經濟學、人口地理學、人類學、公共衛生與公共政策背景者的興趣。廣義上來說，它處理社會、經濟與人口變項間的交互作用。因此，也像是傳統生育率、死亡率及遷徙研究的延伸。主要研究領域包括：廣泛的人口動態；生育率與家庭動態；健康；老化、長壽與死亡率；社會經濟差異與不平等；遷徙；人力資本與勞動市場。

美國人口學會於一九三〇年代成立，作為一個科學性專業組織，旨在透過研究推動人類群體相關問題的改進、進步與發展。成立於一九九一年的美國人口中心協會（簡稱APC），是一個由大學與研究機構組成的獨立團體，旨在促進人口學研究的合作與數據分享，將基礎人口研究成果轉化為公共政策制定者可用的資訊，以及提供關於人口研究方面的教育與培訓機會。當前，有超過四十個學術與私人研究組織隸屬於APC，研究範疇也相當多元，如退休、少數族群、健康、老化、遷徙、家庭、生育率、死亡率及人口預測。

## 社會人口學

社會人口學探索人口與社會的交互作用，或許也可被視作社會學與人口學的結合。有人認為社會人口學此一名詞，最早出現在美國人口學家金斯利·戴維斯於一九六三年發表的一篇論文中。美國大學從一九六〇年代開始，出現社會人口學課程，第一本《社會人口學》教科書出版於一九七〇年，而威斯康辛大學在一九七五年舉辦的會議，則被認為是社會人口學的第一場大會。

該領域最初將重點放在如居住隔離、失業與不同地位群體間的收入差異等議題。芝加哥社會學派利用人口資料，來支持其關於都市成長以及人口按社會經濟地位分布的社會學主張。有些研究者認為，該領域與人口研究非常相似，部分原因是受美國社會學家豪瑟（Philip M Hauser）與鄧肯（Otis Dudley Duncan）的影響，兩人在其一九五〇年出版的作品《人口研究》中，將社會學與人口學建立起連結。有些人則認為社會人口學有一個明確的目標，包含三個途徑——資料搜集和描述性詮釋；理論發展和模型測試；以及脈絡分析〔Box 9〕。

運用人口學變項與技術，來研究如老化人口、死亡率的不平等、不同生育率模式等社會議題的研究者，或許都可以被歸類為社會人口學家。

**BOX 9**

### 人口學與人口研究差別在哪裡？

在許多當代的分析中，人口學與人口研究的界線愈來愈模糊，因為人口學家也覺察到社會、經濟與人口變項間複雜的交互作用。差別就在：典型人口學的焦點放在生育、死亡與遷徙，但在人口研究中，則視上述三者為社會與經濟變項的「下游」。

# 第十章

# 人口政策與未來的挑戰

世界上大多數國家都存在著隱性人口政策，而政府也知道某些政策會導致間接的人口後果。明確旨在改變人口結果的直接人口政策則少得多（見圖9）。一般而言，人口政策是企圖修正成長率、人口組成或人口分布的政策。聯合國將人口政策定義為公權力為了防止、延遲或解決人口變化與社會、經濟或政治目標之間的不平衡，採取或明或暗的行動。這包括針對特定人口參數的政策意圖與目標，以及為影響這些參數所採取的法律與計畫性措施。在此範疇內，聯合國認定的人口政策議題包括：控制人口成長（如生育率，特別是青少女的生育率）、影響勞動年齡人口規模的政策，以及與健康相關的出生時平均壽命、五歲以下兒童死亡率與孕產婦死

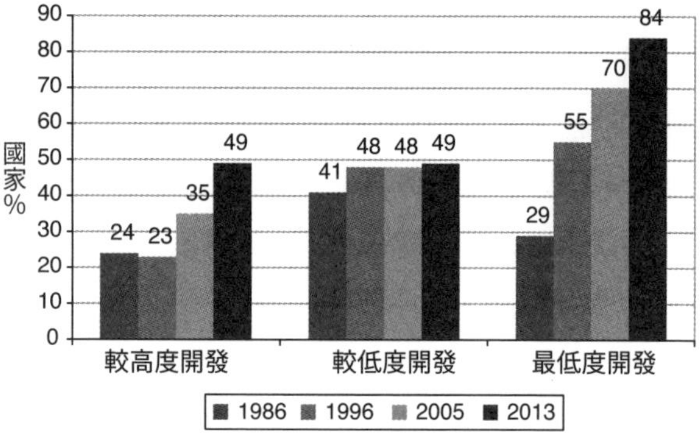


圖9｜施行影響人口成長率政策的政府。

亡率等問題。其他健康相關議題則通常不被視為人口議題。二〇一三年，對女性的暴力程度也被納入人口政策的範圍。因此，人口政策是企圖在人口動態導致的結果實際發生前，根據可見的人口趨勢，採用具前瞻性與保護性的政策來處理可能的後果。

因此，人口政策可能旨在改變一個國家或次國家人口的成長率、組成或分布。舉例來說，若政府覺得人口成長或衰退得太快，就可能施行這些政策。當政府覺得人口年齡結構不平衡時——例如兒童的數量太多或太少——或者全國的人口分布過於不平均，導致某些地區人口過多或過少，對當地發展造成不利影響。

在實務上，人口政策可以是明示的，也可以是暗示的。明示的人口政策是指政府明確旨在改變人口結果的行動，例如對移民數量設置上限、提供補貼的家庭計劃服務、或直接禁止夫婦生育超過一個或兩個孩子。暗示的人口政策則是指沒有明確地企圖想要改變人口，但被認為會帶來可預測的人口結果。例如推行義務性中等教育，可能會（a）提高平均結婚年齡，且經常導致生育第一個孩子的年齡延後，並（b）給予婦女進入經濟勞動市場所需的技能，並同樣地延後開始生育的年齡或鼓勵連續生育的間隔，以及（c）改變年輕男女的思維，讓他們選擇生育較少的後代。

英國提供了一個相關的有趣範例。根據英國國家統計署的說法，英國「並未推行人口政策，即未積極試圖影響總人口規模、人口年齡結構或人口變動的組成，除了在移民領域以外。也不曾對適合本國的人口規模或年齡結構表達過任何意見。」然而，英國確實有移民政策。英國政府表示，「移民豐富了我們的文化，強化了經濟，因此我們希望能吸引更多人來英國念書、工作和投資。」

政府因此致力於簡化並改善移民政策與法律，確保英國擁有具國際競爭性的簽證系統，以及高效、有效的執法行動。具體作為包括執行移民與海關檢查來守衛英國邊境、高效處理入境與居留許可申請以及英國公民申請，並控制移民以限制非歐盟的經濟移民，並使所有移民管道的濫用減到最少。

## 生育率

有非常多關於政府企圖控制生育率的實例，例如包括了中國的一胎化政策、羅馬尼亞鼓勵生育這類直接的人口政策，也有如瑞典家庭政策這種非直接的政策。

中國的一胎化政策是最著名的人口政策之一。此項直接的人口政策目標為透過拉低總生育率來減緩人口成長。一九七八年頒布了自願性政策，目的是遏止快速朝十億總人口邁進的成長速度，接著於一九八〇年九月頒布了一胎化政策。這是一項施行在所有國民（少數族群及第一個孩子為殘疾者除外）的計畫，但在東部大型都市推行的效果比西部鄉下的小農村區域來得好。政府採用了各種執行方法，從廣泛提供避孕措施和對社區及工作場所的密切監控，到為遵守者提供就業優待和經濟獎勵，再到更極端的措施，如強制結紮和墮胎。

這項政策在施行的地區確實有效，使出生率持續下降，並在一九九〇年代中期降至低於人口替代水準。然而，副作用卻包括了男女比率失調——較不受看重的女嬰通過墮胎、遺棄或殺害而被排除，以及人數恐高達數百萬名不能被登記的第二和第三個孩子，他們必須面臨缺乏正式教育、醫療照顧或就業的人生。此外，中國人口的年齡依賴比開始惡化，許多長壽的父母與祖父母發現家庭中沒有可以照顧他們的後代。近期，凡是夫妻中至少有一方是獨生子女的，已被允許生育兩個孩子，這類人如今已是大多數的年輕成人。儘管如此，多數人卻還是選擇一個與自己出生成長環境相同的一胎家庭模式。

一九六五年的羅馬尼亞，就跟絕大多數中歐與東歐國家一樣，人口開始下滑，出生率減少，總生育率低於替代水準。在尼古拉．西奧塞古（Nicolae Ceaușescu）領導下的共產黨政權認為，軍備與工業發展需要大量人口。考量到人口成長率如此低的情況下，羅馬尼亞政府於一九六六年頒布了明確的鼓勵生育政策，包括了多種提高生育率的方法。這些舉措讓墮胎只能在有限的情況下合法進行，避孕措施的取得受限，大家庭會得到更多津貼。突然嚴格阻斷獲得合法墮胎與避孕措施的作法，對羅馬尼亞的生育率產生立即的效果，總生育率在一九六五年至一九七〇年間，從一・九五上升到超過三。

然而，在接下來的十年間、也就是一九八〇年代，生育率再次掉回二・二五。察覺到人口政策失敗後，羅馬尼亞政府於一九八四年施行新手段，企圖增加出生率並限制墮胎。生育年齡的婦女被規定要在工作場所接受定期婦科檢查。年齡超過二十五歲的未婚人口及沒有孩子的夫婦，必須繳納特別稅。一九八五年，合法墮胎的年齡更從四十二歲提高到四十五歲以上，且該婦女必須生育至少五個由她撫養的小孩，若生了之後送給別人養育，就不符合標準。

一九八九年十二月，在羅馬尼亞新轉型政府首度頒布的法案中，包括了廢除所有鼓勵生育的政策。然而，長期禁止使用避孕的後果，讓許多婦女缺乏使用現代避

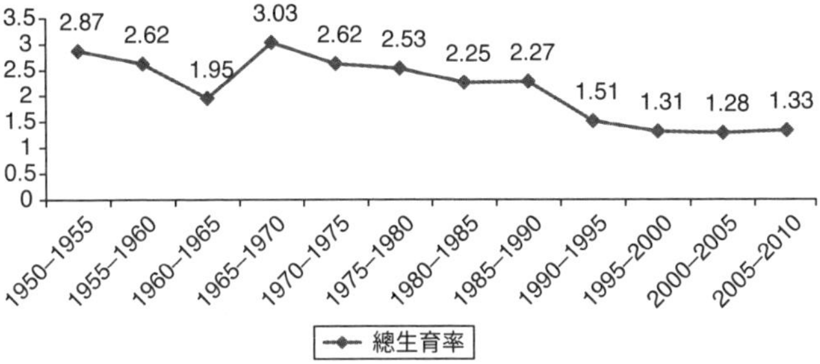


圖10｜羅馬尼亞總生育率，1950年至2010年。

孕措施的經驗，且許多羅馬尼亞醫學界的成員也不願意承認現代避孕措施的安全性。即便如此，羅馬尼亞的總生育率在一九九〇年代間還是出現下滑，當前則與其他東歐及中歐國家一樣，落在一・三上下（見圖10）。

與中國及羅馬尼亞明確的人口政策截然不同，瑞典的例子則是隱性的人口政策，它沒有企圖改變人口的清晰目標，但被認為對人口會帶來可預期的結果。

當許多歐洲國家自一九六〇年代就開始看著自己的生育率持續下滑的同時，二胎家庭在瑞典仍舊是常態，僅有少數的一胎家庭和穩定比例的無子女家庭。然而，瑞典的總生育率在那段時期卻持續上上下下。這些上下波動與經濟商業週期密切相關，且被稱為順循環（pro-cyclical）生育率。許多人認為這與瑞典的家庭政策有關——基本目標是讓所有家庭擁有良好的經濟生活環境，並促進所有女性與男性得以兼顧工作與育兒。家庭政策的目標透過廣泛提供日托中心與課後輔導的服務、親職保險及育兒津貼等其他福利來實現。

大多數瑞典青年男女在生養孩子之前，已經在就業市場上站穩腳步。多數女性生產後仍留在勞動市場，且孩子出生後，父母雙方都會請一段時間的育嬰假。瑞典的育嬰假制度和收入相關，所享的福利視受助者在生育孩子之前，是否參與勞動市場。一九八〇年代末期，在該國經濟強大且育嬰假獲得延長的情況下，生育率出現成長。一九九〇年代，隨著瑞典的經濟進入嚴重的衰退期，年輕人開始失業，生育率也開始下降。

儘管如此，瑞典現在開始頒布新的政策，以進一步確保其目標。長久以來，人們認為慷慨的育嬰假或許不利於勞動市場中的女性。母親請的育嬰假通常都比父親久，而這被證實對女性的職涯與收入造成負面影響。二〇〇八年新頒布了「性別平等獎金」，讓育嬰假請得愈平均的父母能獲得額外的經濟獎勵。現在，某些人開始質疑此一決策，認為其強烈倡導平攤育兒責任，而不是讓家庭能在基於非經濟因素的情況下做決定。

## 遷徙

另一項政府企圖透過人口政策來控制或影響的重大議題就是遷徙，無論是國內或跨國（見圖11）。澳洲長期以來一直擁有強烈的支持移民政策，以打造該國的人

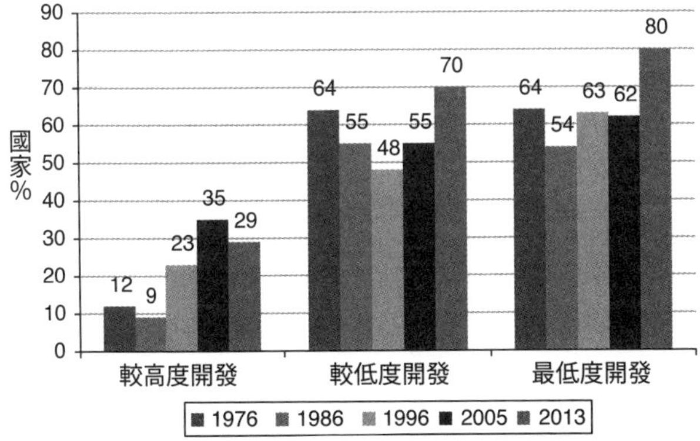


圖11｜希望人口空間分布出現重大改變的政府。

口數和勞動力；直到二十世紀末，澳洲都還執行有利歐洲移民的政策。印度自獨立以來，為了避免工業與其他發展項目受阻，一直奉行著人口強制遷徙的政策。

當前澳洲的移民政策允許來自任何國家的人申請，無論種族、文化背景、宗教或語言，只要符合法律規範的條件即可。在最近一次的人口普查中（二〇一一年），澳洲擁有兩千一百五十萬名居民，超過四分之一在海外出生，並有近半人口自己或雙親的其中一人是在海外出生。作為一個當代人口主要來自於移民的國家，二十世紀的澳洲政府大力鼓勵移民。然而，在該世紀一開始，它是採取所謂的「白澳」政策，針對非歐洲移民施加限制。

在二次世界大戰後，利用歐洲與部分亞洲國家動盪不安且不安全的機會，澳洲鼓勵難民與流離失所者移民。讓澳洲人口增加成為確保國家安全與經濟發展的方法。此外，也有人認為增加人口數量能降低澳洲成為入侵目標的機會。二戰後，白澳政策漸漸被摒棄，澳洲政府也於一九六六年宣布，將會根據申請者作為定居者的合適性、立即融入當地的能力、以及個人擁有的專業認證是否對澳洲有用，來決定申請者的通過資格。一九七三年，白澳政策正式被廢除，政府並於一九七八年針對澳洲移民進行全面性審視。影響深遠的新政策與計畫施行，成為澳洲人口發展的框架。其中包括了以三年滾動計畫來取代過去的年度移民目標、承諾會在不帶種族偏見的情況下來施行移民政策、一套標準更一致且結構化的移民篩選方法，以及加強吸引那些能為澳洲帶來益處的人口。

印度的重新安置與恢復政策，屬於「與發展相關遷徙」政策的一部分。為大型計畫如水壩、運河、火力發電廠、工業設施及採礦而強制徵用土地，經常導致人們流離失所，被迫捨棄自己的家園、資產及生計。鑑於需盡量減少大規模遷移的必要性，並且在遷移無法避免時，應審慎且預先處理受計畫影響家庭的安置與重建問題，印度農村發展部國土資源處於二〇〇三年制定了一項關於「受計畫影響家庭安置與恢復國家政策」，目的是規劃如何安置並恢復受影響者的正常生活。二〇〇七年，該方案被「安置與恢復國家政策」所取代，企圖在獲取發展所需用地之時，如何保護土地所有者、佃農、無土地者、農業與非農業勞動者、工匠及其他生活在受牽連土地上者的利益，試著取得兩者間的平衡。目標為將遷移的情況減到最少，並確保迫遷情況無法避免時，能有適當的復原配套措施。

## 未來挑戰

根據聯合國預測，二一〇〇年全球人口最大值將落在六十億至一百五十億間。而一百五十億的最大值，也被認為會對地球資源產生極大的壓力。中間數一百億儘管能讓情況較為緩和，但仍舊需要顯著提升食物、乾淨的水、能源與礦產量。此外，全球的人口分布也將改變，生活在亞洲和非洲的總體人口增加，而歐洲和北美的人口則減少。到二〇五〇年，97%的人口成長來自較低與最低度開發國家。屆時，亞洲人口將來到五十億，占總人口55%，非洲的十億人口則被將翻倍來到二十億，同時，歐洲則將從七億三千八百萬下滑到七億一千九百萬。另外，隨著年齡中位數上升，人口的年齡組成也會改變，全球各地人口將從年輕趨向年長。到了二〇五〇年，全球約莫會有四分之一的人口超過六十歲，其中三分之二將生活在亞洲，而該區域六十歲以上的人口數將超過十五歲以下人口數。

這些變化的幅度與速度，將成為二十一世紀最大的挑戰。

## 撒哈拉以南非洲的出生率

本世紀接下來的全球人口成長將集中在非洲。在全球的總生育率普遍下降的同時，撒哈拉以南非洲的情況卻仍舊讓人擔心。聯合國的中等情境預測非洲的總生育率將在2050年前降至接近替代水準。如果這一情況發生，非洲人口將從目前的8億增長至2050年的20億，並在本世紀末達到30億。儘管如此，此區域內的許多國家，總生育率目前仍維持在四以上。如果總生育率的下降停滯，並維持目前整個區域的五．五，那麼撒哈拉以南非洲的人口將在二〇五〇年逼近三十億、到二一〇〇年高達一百四十五億，導致本世紀末的全球總人口最大值超過二百二十億。

居高不下的生育率及快速成長的人口，威脅著世界上最貧困開發中國家（尤其是撒哈拉以南非洲）的個人與團體福祉。正因如此，了解生育率下降的驅動力就相當重要，唯有如此，非洲女性才能選擇自己想要的家庭規模。這不僅僅是因為二百二十億的人口將對地球資源造成極大的負擔，更因為非洲政府也逐漸了解這麼高的出生率將抑制發展的潛力，且非洲女性自身也開始呼籲應採取能增進女性自身與現在孩童福利的措施（尤其是教育和環境所扮演的角色）。

## 為2050年預計達到90億或100億的人口提供食物與水

這兩個問題到目前為止，仍舊沒有答案，也或許成為二十一世紀最大的挑戰。當前約莫有八億八千四百萬人仍然無法取得安全的飲水，並有二十六億人缺乏最基本的衛生環境。然而，每一名誕生在已開發國家的嬰兒，其所消耗的水為開發中地區嬰兒的五十倍。大約有十億人無法獲得滿足其最低需求標準的熱量，另外還有十億人長期處於營養不良的狀態，無法獲得維持健康所需的維他命、膳食礦物質、必需脂肪酸和必需氨基酸。當我們將預測會成長到九十億或一百億的人口與必要熱量攝取的上升連結時，我們將發現總糧食需求將在二〇三〇年上升40%，並在二〇五〇年上升70%。

## 全球人口老化的影響

大多數國家的低生育率與低死亡率導致全球人口的老化。人口減少與老化，經常被認為會對經濟成長與就業產生負面影響——因需求下降且勞動力減少。年輕人口比例下滑會導致經濟活動減少，老年人口比例上升則意味著退休金與醫療照顧的需求更高，經濟負擔變重。特別是疾病與失能者數量可能會增加，急症可能轉變成慢性疾病，且更重要的——年輕人口的減縮意味著可提供照顧者減少了。

面對人口老化的問題，高收入國家最主要的挑戰是該如何確保這些老年人口的收入（無論是透過工作、退休金、資產或存款），以及該如何提供適當且可持續的健康照護。

已開發國家的政府支出，已有近四成花在退休金及醫療保健上。面對健康挑戰，有一種做法是盡可能維持老年人口的健康，以減少對長期醫療與社會照護的需求，並維持個人的生活福祉。第二種方法則是著重在經濟因素，讓人們工作到更高年齡。

## 世界各區域下的環境、人口與消費關係

許多研究者認為，人口成長再加上人均消費成長是最大的挑戰。尤其關注於全球不平等的影響。對生活在極端貧困且／或營養不良情況下的二十億人口而言，要提高生活標準就必須提高消費。然而，這些地區往往也是人口成長最顯著的國家。這也讓減少已開發地區的物質消費變得極為重要，因為我們的地球是有限的，很難同時支撐新興國家、發展中國家與最不發達國家生活水準提升所帶來的物質與經濟需求。其他研究者也認為，由於環境與資源有限，全球經濟持續成長自然是不現實的，因為支撐我們經濟的生態系統正在因為日益增加的

消費壓力而崩潰。

面對人口增長與消費帶來的確切挑戰，部分人重新回到了馬爾薩斯的觀點，例如再度出現對如何養活全球人口的擔憂。必須要有顯著的糧食生產成長，才能養活人口慣性下所帶來的急速膨脹人口及其對資源的需求；西式飲食隨著經濟發展擴散到世界，但這並不是一種有效消費地球食物資源的方式；每英畝的糧食產量增長也已趨緩。馬爾薩斯不斷試著強調人口、環境、社會經濟結構與政策反應間的複雜關係。或許，這位人口學的奠基人，對當代人口學者仍有啟示。

## 科技變化的影響

新技術的引入在歷史上通常會創造新的就業機會，而不是減少就業機會。舉例來說，工業革命替換掉一群相對數量較少的工匠，創造大量較不需要技術的工廠工人。然而，二十一世紀的數位革命正在淘汰低階與中級技術的工作機會，並創造少量且相對地需要更高技術水準的新工作。科技變化與人口變化的交會，對於中等與低收入國家內、數量不斷增加的就業年齡年輕男女具有特別的影響。這些國家經常利用易取得的廉價勞動力，來吸引歐美的外包工作。這促使年輕人口為了取得工廠工作而搬到都市，從而促進鄉村與都市間的遷徙，並連帶推動了國內消費，刺激當地市場的發展，服務業於是蓬勃發展。這個過程對於擴大勞動市場需將「青年人口激增」轉化為「人口紅利」，是關鍵一環。然而，預期未來十年內，工廠內使用機器人的情況將成長25%，高收入國家將逐漸以自動化取代工作，不僅是本國的製造業工作，還包括先前外包出去的工作。

## 將人口學納入經濟與政治理解的重要性

如今我們已經明白，一個國家的人口結構在不同區域與全國的經濟成長中扮演著重要角色，而人口轉型在整個人類發展過程中也發揮了關鍵作用。經濟學家長期以來主張人口轉型是跟隨著經濟成長的腳步，因為這正是過去歐洲與北美的情況。但隨著世界各地許多區域經歷的人口轉型，我們如今已清楚這是一段更為複雜的過程，且人口、政治與治理結構都很重要。確實，人口轉型對經濟造成的影響，或許遠大於經濟因素對轉型帶來的影響。的確，經濟成長在沒有先前有利的人口轉型下發生，是很罕見的情況。未來十年約莫有二十億新生兒將誕生，有二十億孩童需要上學，還有十二億年輕人需要就業。而這些簡單的人口事實，對我們的地球、所在區域及各別國家，帶來了不容小覷的影響。了解這些影響將是二十一世紀能否成功的關鍵。

# 詞條

人口金字塔（population pyramid）：一種雙條形圖，用來呈現人口的年齡性別結構。

人口動態（population dynamics）：研究因死亡、遷徙和生育所導致的人口規模與結構變化。

人口密度（density of population）：以標準單位面積內居住人口數來衡量人口分布的比較指標。

人口普查（census）：對特定區域內所有人的人口、社會與經濟狀況，在特定時間進行全面性的資料收集、編輯與發布的過程。

人口零成長（zero population growth，簡稱ZPG）：指人口中出生數與移入人數等於死亡數與移出人數的狀態。

工作年齡人口（working age population）：可供勞動力來源的年齡組人口。年齡範圍因國而異，但在國際比較中常用15至64歲。

內生性死亡（endogenous mortality）：因衰老或先天性缺陷而導致的死亡。

內遷（inmigration）：由同一國家內其他地區遷入某一地區的遷移行為。

分層抽樣（stratified sampling）：一種抽樣模式，將抽樣架構劃分為若干層，並在每一層中獨立進行抽樣。

比率法（ratio methods）：用來推算子群體人口的推計方法，透過應用各子群體在人口中的比例進行計算。

世代（cohort）：在特定時間內經歷同樣重大事件的一群人。

世代分析（cohort analysis）：以世代作為研究單位的人口學分析。

**世代效應**（cohort effect）：個體在特定時期的人口行為，受到其累積經驗影響，並與同一世代的其他成員共享這些經驗。

**出生世代**（birth cohort）：在特定時期內（通常為一日曆年或數年）出生的一群人。

**出生次序**（birth order）：依照母親先前生育次數對出生進行的分類。

**出生間隔**（birth interval）：從開始性關係到首次生育之間，或兩次連續生育之間的時間間隔。

**外生性死亡**（exogenous mortality）：因為外部因素如意外、寄生蟲或傳染性疾病而導致的死亡。

**外遷**（outmigration）：指從某一地區遷移到同一國家內其他地區的行為，是國內遷移的一部分。與「移出」（emigration）不同，後者指向外國遷移，而「外遷者」（outmigrant）是指離開某地遷往同國內其他地區的人。

**孕產婦死亡**（maternal mortality）：與懷孕、分娩或產褥期相關的死亡。

**生育**（fertility）：個人、夫妻、群體或整體人口的生育表現。

**生育次數或胎次**（parity）：某位女性（或某對夫婦妻）先前所生的活產子女數。有時也用來表示女性曾經歷的分娩次數。

**生育的直接決定因素**（proximate determinants of fertility）：指那些直接影響生育的生物與行為因素。社會、經濟等間接因素則透過這些變項對生育產生影響，又稱「中介生育變項」（intermediate fertility variable）。

**生育能力**（fecundity）：具有生殖能力，但不一定實際生育。

**生育間隔**（birth spacing）：指夫妻雙方有意識地讓子女出生安排在特定間隔時間內的行動。

**生命事件**（vital event）：個人狀態的重大改變，且會導致人口組成出現變化。

**生命表**（life table）：對人口死亡情形的詳細描述，列出各年齡死亡機率的統計表。

生命週期（life cycle）：個人從出生到死亡，或家庭從形成到解體所經歷的一連串階段。

生命歷程（life history）：個人對一個或多個人口過程的詳細經歷紀錄（參見事件歷程）。

同居（cohabitation）：兩人以伴侶關係共同生活，但未婚的結合形式。

年齡別生育率（age-specific fertility rate）：特定年齡或年齡組別婦女每年每千人所生的活產嬰兒數。

年齡性別結構（age-sex structure）：依據每個年齡層中男性與女性的人數或比例來描述人口組成。

年齡特定率（age-specific rate）：用來表示某一人口過程在特定年齡或年齡組別（通常為五歲一組）中發生率的指標。

年齡堆積（age heaping）：報告自己年齡時偏好某些數字，或將年齡四捨五入為以0或5結尾的數字。

年齡結構效應（age-structure effect）：指人口中各年齡組的相對規模，在某一時期內對生命事件總數產生的影響。

成長率（growth rate）：在特定期間內，人口總增減數與該期間平均人口的比率。

死亡（mortality）：人口中死亡事件發生的過程。

老年學（gerontology）：研究個體與人口在老化過程中各種面向及其影響的學科。

自然生育（natural fertility）：指未使用避孕或人工流產的人群之生育情形。

自然增加（natural increase）：在特定期間內，出生人數多於（或少於）死亡人數所導致的人口變化。

扶養比（dependency rate）：經濟上需要依賴他人養活的人口與具有生產能力人口之間的比率。

步調（tempo）：特指某一世代內事件發生的時點。

事件歷程（event history）：對個人經歷一個或多個人口過程的詳細紀錄（參見生命歷程）。

兩次普查間（intercensal）：用來描述兩次人口普查之間的期間、現象或統計指標。

性別比（sex ratio）：人口中男性與對女性的比率，或某事件發生在男性身上的次數與女性之間的比率。

抽樣（sampling）：從母體中抽取一部分資料，以推論整體情況的資料收集方法。

返回遷徙（return migration）：個體重回先前居住地的遷移行為。

封閉人口（closed population）：無遷入或遷出的人口，其人口成長僅由出生與死亡之間的差異所決定。

紀錄連結（record linkage）：將有關個人或婚姻的各類資料加以整合的作業。

胎次別生育率（parity-specific fertility rates）：將某一胎次的出生數（例如第三胎）與具有相應生育經驗的女性人數（例如已生二胎的女性，即「二胎婦女」）相比所計算的。

風險函數（hazard function）：用數學方式表示在特定年齡或持續時間下，某一不可逆人口事件發生的機率。

風險模型（hazard model）：利用共變來估計各種自變項的影響，並以某一人口過程的風險函數作為依變項的分析模型。

計數（enumeration）：用來蒐集人口資訊的作業，為人口普查中的資料收集階段。

家戶（household）：一人或多人共同供應食物及其他生活基本需求的單位。

家庭計劃（family planning）：夫妻或個人有意識地控制生育數量與間隔的行為。

家庭重建（family reconstitution）：一種紀錄連結技術，透過將登記系統中記錄的生命事件加以連結，以重建個別家庭的歷史。

時期分析（period analysis）：聚焦於特定期間內（通常為一年）內人口事件發生情況的人口分析方法。亦稱為「現期分析」（current analysis）或「橫斷面分析」（cross-sectional analysis）。

特定死因死亡率（cause-specific death rate）：一年內，因特定原因或某類原因而造成的死亡數，以每十萬名年中人口為單位表示。

逆推存活法（reverse survival）：根據目前的人口年齡結構及對當時死亡水準的假設，重建過去某一時點的人口年齡結構的方法。

國籍（nationality）：個人所具有的特定國家公民身分的特徵。

婚姻（marriage）：異性或（在某些國家）同性之間的合法結合關係。

婚姻狀態（marital status）：個體在人的婚姻方面的狀態。

推計（projection）：根據對未來生育、死亡及遷徙趨勢的假設，計算未來人口規模與特徵的過程。推計與預測（forecast）有所區別，後者含有預言的意味，而前者僅是根據假設進行的推演。

淨遷徙（net migration）：特定區域內人口遷入與遷出的差額。

盛行率（prevalence rate）：衡量特定時間內（期間盛行率）或特定時點（時點盛行率）人口罹病情況的指標。

移入（immigration）：自他國進入特定地區的國際遷移。

移出（emigration）：從一個國家移居到其他國家的國際遷移過程。

移出率（emigration rate）：在特定期間內離開某國或地區的移出人口數，與該期間平均人口的比率。

粗率（crude rate）：在特定期間內某人口事件的發生數占該期間平均總人口的比率。

組成法（component methods）：透過將整體人口變化分解為出生、死亡和遷移等組成部分，來估算人口規模與年齡－性別結構的方法。

都市化（urbanization）：居住於都市地區的人口比例上升。

循環遷徙（circular migration）：個人或群體遷移到其他地區後又再返回

原居地的遷移模式。

發生率（incidence rate）：在特定觀察期間內，某疾病新發病例數除以該期間內的平均人口數。

預期餘命（life expectancy）：若某生命表所代表的死亡條件成立，個體可望再活多少年的平均值。$x$歲的平均餘命以$e_x$表示，出生時的平均餘命為$e_0$。

慣性（momentum）：即使生育率立即降至每代只夠替代自身的水平，人口規模仍會因既有年齡結構而繼續增加（或減少）的現象。

數量（quantum）：某事件在一個世代成員身上最終發生的總頻率。

標準化（standardization）：一種技術，用以提高不同群體間資料的可比性。

遷徙（migration）：個人或群體改變其慣常居住地的永久性或半永久性移動。

遷徙模型（migration model）：用來解釋觀察到的遷移模式的理論架構，通常以數學方式表達。

罹病（morbidity）：人口中患病或失能的狀態。

親屬（kinship）：基於實際、假定或虛擬的血緣所形成的人際關係。

嬰兒死亡（infant mortality）：未滿一歲的活產嬰兒死亡情況。

環境承載力（carrying capacity）：在特定地區內可持續生活的人口最大人數量。

總生育率（total fertility rate，簡稱TFR）：在特定時期間內（通常為一年），將所有年齡別生育率加總後所得到的數值，代表一名女性若在其一生中經歷該期間各年齡的生育率，平均會生育的子女數。

# 名詞對照表

一般住戶調查 General Household Survey
人口更新 population renewal
《人口研究》*Population Studies*
人口研究中心 Office of Population Research
人口經濟學 population economics
《人口經濟學期刊》*Journal for Population Economics*
〈人口預測的前景〉The prospect for population forecasts
人口與健康調查 Demographic and Health Surveys, DHS
《人與地星球》*People and the Planet*
《大英百科全書》*Encyclopaedia Britannica*
不從國教者 Nonconformist
分布定律 law of distribution
友伴式婚姻 companionate marriage
巴茨，利維 Massimo Livi Bacci
巴斯卡，布萊茲 Blaise Pascal
水援助 WaterAid
牛頓，艾薩克 Isaac Newton
世代組成法 cohort component method
世界生育率調查 World Fertility Survey, WFS
世界銀行 World Bank
世界衛生組織 World Health Organization, WHO
世界糧食計畫署 World Food Programme, WFP
卡方 chi square
卡爾－桑德斯，亞歷山大 Alexander Carr-Saunders
古人口學 palaeodemography
古貝爾，皮埃爾 Pierre Goubert
古病理學 palaeopathology
尼古拉·西奧塞古 Nicolae

Ceaușescu
尼安德塔人 Neanderthals
布拉斯，威廉 William Brass
布思，查爾斯 Charles Booth
布雷斯勞市 Breslau
弗羅茨瓦夫 Wrocław
《末日審判書》*Doomsday Book*
末次冰盛期 Last glacial maximum
瓦赫特，肯尼斯 Kenneth W. Wachter
《生育和家庭計劃調查手冊》*Manual for Surveys of Fertility and Family Planning*
生育能力 fecundity
生物標記 bio-markers
白澳 White Australia
皮特，小威廉 William Pitt
皮爾森，卡爾 Karl Pearson
伊巴丹大學 University of Ibadan
休姆，大衛 David Hume
全國生育調查 National Fertility Survey
全新世 Holocene
匠人 Homo ergaster
《在宙斯與鮭魚之間》*Between Zeus and the Salmon*
多指標叢集調查 Multiple Indicator Cluster Surveys, MICS
次國家 sub-national
《死亡週報》*Bills of Mortality*
米恩，喬書亞 Joshua Milne
考德威爾，傑克 Jack Caldwell
《自然科學會報》*Philosophical Transactions*
《自然哲學的數學原理》*Mathematical Principles of Natural Philosophy*
《自然遺傳》*Natural Inheritance*
行為與社會研究部門 Behavioral and Social Research Division
亨利，路易斯 Louis Henry
伯克，理查 Richard Böckh
伯狄奧，路易吉 Luigi Bodio
《低收入國家的人口成長與經濟發展》*Population Growth and Economic Development in Low-Income Countries*
克里格，約翰 Johan Fredrik Kryger
改變非洲家庭計畫 Changing African Family Project
李卡特模型 Lee-Carter model
沃斯利，班傑明 Benjamin Worsley
肖迪奇 Shoreditch
貝葉斯，湯瑪斯 Thomas Bayes

貝蒂榮，雅克 Jacques Bertillon
貝蒂榮，路易斯—阿道夫 Louis-Adolphe Bertillon
貝爾福遺傳學教授 Balfour Professor of Genetics
邦加茲，約翰 John Bongaarts
佩第，威廉 William Petty
岡珀茨，班傑明 Benjamin Gompertz
岡珀茨—梅卡姆死亡定律 Gompertz–Makeham law of mortality
東非統計部 East African Statistical Department
（法國）國家人口學研究所 Institut National d' Études Démographiques, INED
（法國）國際移民局 Office des Migrations Internationales, OMI
（法國）歷史人口協會 Asociación de Demografía Histórica, ADEH
（法國）歷史人口學會 Société de Démographie Historique, SDH
法爾，威廉 William Farr
的理雅斯特 Trieste
直立人 Homo erectus
《社會人口學》*Social Demography*
社會科學協會 Social Science Association
《空間人口學期刊》*Journal of Spatial Demography*
芝加哥社會學派 Chicago School of Sociology
《保險金償付論》*Observations on Reversionary Payments*
哈納爾，約翰 John Hajnal
哈雷，愛德蒙 Edmond Halley
《後代》*Offspring*
政治算數 political arithmetic
施洛普郡 Shropshire
柏克，埃艾德蒙 Edmund Burke
柏凱—阿佩爾，讓－皮埃爾 Jean-Pierre Bocquet-Appel
柯羅斯，約瑟夫 Joseph Körösi
洛特卡，阿弗雷德 Alfred Lotka
皇后學院 Queens College
皇家自然知識促進學會 The Royal Society for the Improvement of Natural Knowledge
皇家統計學會 Royal Statistical Society
皇家學會 Royal Society
相關係數 correlation coefficient
科爾，安斯利·約翰遜 Ansley

Johnson Coale
（美國）人口中心協會 Association of Population Centers, APC
（美國）人口委員會 Population Council
（美國）人口資料局 Population Reference Bureau
美國人口學會 Population Association of America
（美國）兒童健康與人類發展研究所 National Institute of Child Health and Human Development
美國家庭成長 Growth of the American Family
（美國）國家老化研究院 National Institute on Aging, NIA
耶穌會大學 Jesuit University
耶穌學院 Jesus College
（英國）國家統計局 Office for National Statistics, ONS
范・普拉克，伯納德 Bernard van Praag
迦納大學 Univdersity of Ghana
倫敦大學學院 University college London
倫敦金融城榮譽市民 Freedom of the City of London
倫敦帝國學院 Imoperial College London
倫敦政經學院 London School of Economics
倫敦數學協會 London Mathematical Society
倫敦衛生與熱帶醫學院 London School of Hygiene and Tropical Medicine
風險函數 hazard functions
家庭人口學與生命週期科學委員會 Scientific Committee on Family Demography and the Life Cycle
家庭限度 family limitation
朗特里，西博姆 Seebohm Rowntree
格里菲斯，約翰 John Griffiths
海外發展局 Overseas Development Administration
特魯塞爾，詹姆斯 Thomas James Trussell
馬克勞林，柯林 Colin Maclaurin
馬爾薩斯，托馬斯 Thomas Robert Malthus
高爾頓，法蘭西斯 Francis Galton
高爾頓優生學教授 Galton Professor of Eugenics

《健康經濟學期刊》*Journal of Health Economics*
健康與退休調查 Health and Retirement Surveys, HRS
動態統計 vital statistics
《區域性模型生命表和穩定人口》*Regional Model Life Tables and Stable Populations*
國民健康與發展調查 National Surveys of Health and Development
國家流行病學與人口健康中心 National Centre for Epidemiology and Population Health, NCEPH
國際人口科學研究聯合會 International Union for the Scientific Study of Population, IUSSP
國際人口問題科學研究聯合會 International Union for the Scientific Investigation of Population Problems, IUSIPP
國際歷史人口學委員會 International Commission of Historical Demography, ICHD
國際應用系統分析研究所 International Institute for Applied Systems Analysis, ILASA
培根，法蘭西斯 Francis Bacon
基爾，安德斯・尼古拉 Anders Nicolai Kiaer
婚姻表 Nuptiality Table
救助兒童會 Save the Children
梅卡姆，威廉 William Makeham
《現代科學的範圍與概念》*The Scope and Concepts of Modern Science*
笛卡兒，勒內 René Descartes
粗出生率 crude birth rate, CBR
粗死亡率 crude death rate, CDR
粗結婚率 crude marriage rate
組成法 component method
《統計方法與科學推斷》*Statistical Methods and Scientific Inference*
習俗式婚姻 customary marriage
〈透視歐洲婚姻模式〉European marriage patterns in perspective
都柏林，路易斯 Louis Dublin
凱特勒，朗伯 Lambert Adolphe Jacques Quételet
凱菲茨，奈森 Nathan Keyfitz
富蘭克林，班傑明 Benjamin Franklin
斯皮塔佛德數學協會 Spitalfields Mathematical Society
普利斯特里，約瑟夫 Joseph Priest-

ley
普朗克人口研究所 Max Planck Institute for Demographic Research, MPIDR
普通法婚姻 common law marriage
普萊斯，理查 Richard Price
普萊斯，瑞斯 Rice Price
智人 *Homo sapiens*
湯普森，華倫 Warren S. Thompson
登記紀錄 registration records
華盛頓，喬治 George Washington
萊克希斯，威爾赫姆 Wilhelm Lexis
萊斯利，派崔克 Patrick J. Leslie
萊斯泰格，羅姆 Ron Lesthaeghe
萊頓 Leiden
註冊總署 General Register Office
費雪，羅納德 Ronald Aylmer Fisher
鄉村人口監測站 demographic surveillance sites, DSS
順循環 pro-cyclical
黑利柏瑞 Haileybury
奧布里，約翰 John Aubrey
當前人口調查 Current Population Survey
經濟人口學 demographic economics
義大利歷史人口協會 Società Italiana di Demografia Storica, SIDeS
聖保羅公學校 St. Paul' s school
聖海倫娜島 St. Helena
葛蘭特，亨利 Henry Graunt
葛蘭特，約翰 John Graunt
蒂皮特，雷納德・亨利 Leonard Henry Tippett
道德統計 la statistique morale
雷文斯坦，歐內斯特 Ernest George Ravenstein
《對死亡週報的自然與政治觀察》 *Natural and Political Observations Made upon the Bills of Mortality*
《對法國大革命的反思》*Reflections on the Revolution in France*
《演進化論的數理研究》*Mathematical Contributions to the Theory of Evolution*
豪瑟，菲利普 Philip M. Hauser
赫特福德郡 Hertfordshire
銀髮離婚 grey divorce
劍橋大學人口與社會結構歷史小組 Cambridge Group for the History of Population and Social Structure
劍橋大學優生學協會 Cambridge

University Eugenics Society
《影響社會未來進步的人口原理，以及對高德溫先生、孔多塞先生等作者推測的評論》*An Essay on the Principle of Population as It Affects the Future Improvement of Society, with Remarks on the Speculations of Mr. Godwin, M. Condorcet, and Other Writers*
德梅尼，保羅 Paul Demeny
數位地球 Digital Earth
樂施會 Oxfam
歐拉，李昂哈德 Leonhard Paul Euler
歐洲人口經濟學會 European Society for Population Economics, ESPE
歐洲生育計畫 European Fertility Project
歐洲歷史人口學協會 European Society of Historical Demography
調查 survey
〈論真實人口自然成長率〉On the True Rate of Natural Increase
〈論愛國〉A Discourse on the Love of Our Country
〈賦稅論〉Treatise of Taxes and Contributions
遷移法則 Laws of Migration
鄧肯，奧蒂斯 Otis Dudley Duncan
冪次分布 power-law distribution
〈《機率論》中一個問題的解決機會問題的解法〉Essay towards Solving a Problem in the *Doctrine of Chances*
澤林斯基，威爾伯 Wilbur Zelinksy
澳洲國立大學 Australian National University, ANU
諾特斯汀，弗蘭克 Frank Notestein
靜止人口 stationary population
嬰兒荒 baby bust
戴維斯，金斯利 Kingsley Davis
總人年數 period person-year lived, PPYL
總生育率 total fertility rate, TFR
聯合國教科文組織 UNESCO
聯合國糧食及農業組織 Food and Agriculture Organization, FAO
轉型模型 transition model
穩定人口 stable population
羅斯托克 Rostock
羅塔姆斯特德研究站 Rothamsted Experimental Station
蘇茲曼，理查德 Richard Suzman

人口學

體質人類學 physical anthropology
《籲請全民關注國債》*An Appeal to the Public on the Subject of the National Debt*

# 參考資料

## 第二章——從五萬五千到七十億

Livi Bacci, M. (2017) *A Concise History of World Population*. 5th edition. Hoboken, NJ: John Wiley & Sons Ltd, p. 2.

## 第三章——人口學思想的奠基者

Graunt, J. (1662) *Natural and Political Observations Made Upon the Bills of Mortality*. Available at: <http://www.edstephan.org/ Graunt/bills.html>.

Glass, D. V. (1950) Graunt's life table. *Journal of the Institute of Actuaries (1886-1994)*, 76(1): 60-4.

Petty, W. (1662) Treatise of taxes and contributions. In *The Economic Writings of Sir William Petty*, vol. 1. London.

Newton, I. (1687) *Philosophic Naturalis Principia Mathematica*. London.

Price, R. (1789) A Discourse on the Love of Our Country. Delivered on 4 Nov. 1789, at the Meeting-house in the Old Jewry, to the Society for Commemorating the Revolution in Great Britain.

Mr Bayes and Mr Price (1763) An Essay towards Solving a Problem in the Doctrine of Chances By the Late Rev. Mr. Bayes, F. R. S. Communicated by Mr. Price, in a Letter to John Canton, A. M. F. R. S. *Phil. Trans*. 53: 370-418.

Burke, Edmund (1790) Reflections on the Revolution in France, And on the Proceedings in Certain Societies in London Relative to that Event. In a Letter Intended to Have Been Sent to a Gentleman in Paris (1 edn).

London: J. Dodsley in Pall Mall.

Price, R. (1772) *Observations on Reversionary Payments: On Schemes for Providing Annuities for Widows, and for Persons in Old Age; on the Method of Calculating the Values of Assurances on Lives; and on the National Debt to which are Added Four Essays on Different Subjects in the Doctrine of Life-annuities and Political Arithmetick, Also an Appendix*... London.

Price, R. (1772) *An Appeal to the Public, on the Subject of the National Debt*. T. Cadell.

Malthus T. R. (1798) *An Essay on the Principle of Population*. Oxford World's Classics, ch.2, p.19.

## 第四章——統計與數學模型的加入

Gompertz, B. (1825) On the nature of the function expressive of the law of human mortality, and on a new mode of determining the value of life contingencies. *Philosophical Transactions of the Royal Society*, 115: 513-85. doi:10.1098/rstl.1825.0026.

Galton, F. (1889) *Natural Inheritance*. London: Macmillan.

Pearson, K. (1892) *Grammar of Science*. London: Scott. 2nd edn, 1900; 3rd edn, 1911.

Pearson, K. (1893) Contributions to the mathematical theory of evolution. *Proceedings of the Royal Society of London*, 54: 329-33.

Fisher, R. A. (1956) *Statistical Methods and Scientific Inference*. Oxford: Hafner.

The Editors of Encyclopaedia Britannica (2017) Sir Ronald Aylmer Fisher. *Encyclopædia Britannica, inc.* <https://www.britannica. com/biography/Ronald-Aylmer-Fisher>.

Hajnal, J. (1955) The prospect for population forecasts. *Journal of the Ameri-*

*can Statistical Association*, 50 (270).
Hajnal, J. (1965) European marriage patterns in perspective. In
D. V. Glass and D. E. Eversley (eds), *Population in History: Essays in Historical Demography*. Chicago: Aldine Publishing Company, pp. 101-43.
Coale, A. J., and Hoover, E. M. (1958) *Population Growth and Economic Development in Low-Income Countries*. Princeton: Princeton University Press.
Coale, A. J., and Demeny, P. (1966) *Regional Model Life Tables and Stable Populations*. Princeton: Princeton University Press.
Population Council (1970) *Manual for Surveys of Fertility and Family Planning: Knowledge, Attitudes and Practice*. New York: Population Council.
The Royal Society (2012) *People and the Planet*. The Royal Society Science Policy Centre report 01/12, London.

## 第五章——驅動力

Ravenstein, E. (1885) The laws of migration. *Journal of the Statistical Society of London*, 48(2): 167-235. doi:10.2307/2979181. Zelinsky, W. (1971) The hypothesis of the mobility transition. *Geographical Review*, 61(2): 219-49.
United Nations (2013) *The Millennium Development Goals Report 2013*. New York: United Nations.
Glass, D. V. (1950) Graunt's life table. *Journal of the Institute of Actuaries (1886-1994)*, 76(1): 60-4.
Christensen, K., Doblhammer, G., Rau, R., and Vaupel, J. W. (2009) Ageing populations: the challenges ahead. *The Lancet*, 374(9696): 1196-208.
Caldwell, J. (1980) Mass education as a determinant of the timing of fertility decline. *Population and Development Review*, 6(2): 225-55. doi:10.2307/1972729.

United Nations, Department of Economic and Social Affairs, Population Division (2015) *World Population Prospects: The 2015 Revision.*

## 第六章——人口轉型——人口學的精髓

Thompson, W. S. (1929) Population. *American Journal of Sociology*, 34(6): 959-75. [A precursor on the debate pertaining to the phases of the transition.]

Davis, K. (1945) World population in transition. *Annals of the American Academy of Political and Social Science*, 237(1): 1-11.

Carr-Saunders, A. M. (1936) *World Population: Past Growth and Present.* Oxford: Clarendon Press.

Notestein, F. W. (1945) Population: the long view. In E. Schultz (ed.), *Food for the World*. Chicago: University of Chicago Press, pp. 36-57.

Lesthaeghe, R. (1977) *The Decline of Belgian Fertility, 1800-1970.* Princeton: Princeton University Press.

## 第七章——人口學家的工具箱

Lotka, A. J. (1907) Relation between birth rates and death rates. *Science*, 26: 21-2. Reprinted in D. Smith and N. Keyfitz, *Mathematical Demography* (Berlin: Springer, 1977), 93-96.

Lee, R. D., and Carter, L. (1992) Modeling and forecasting the time series of U.S. mortality. *Journal of the American Statistical Association*, 87(419): 659-71.

Coale, A., and Trussell, T. (1974) Model fertility schedules: variations in the age structure of childbearing in human populations. *Population Index*, 40(2): 185-258.

Brass, W. (1975) *Methods for Estimating Fertility and Mortality from Limited and Defective Data*. Chapel Hill, NC: Laboratories for Population Statistics.

## 第八章——人口金字塔與推計

Population pyramid, Angola 2010. Data source: United Nations (2015) *World Population Prospects: The 2015 Revision.*

UK population pyramids, 1950, 1980, and 2010. Data source: United Nations (2015) *World Population Prospects: The 2015 Revision*. Accessed 10 May 2017.

Lexis, W. (1880) La représentation graphique de la mortalité au moyen des points mortuaires. *Annales de démographie internationale*, 4: 297-324.

Gompertz, B. (1825) On the nature of the function expressive of the law of human mortality, and on a new mode of determining the value of life contingencies. *Philosophical Transactions of the Royal Society of London B: Biological Sciences*, 182: 513-85.

Leslie, P. H. (1945) On the use of matrices in certain population mathematics. *Biometrika*, 33(3): 183-212.

Wachter, K. W. (2014) *Essential Demographic Methods*. Cambridge, Mass.: Harvard University Press, p. 272.

## 第九章——次領域的興起

National Research Council (US) Committee on Population (1997) *Between Zeus and the Salmon: The Biodemography of Longevity*, ed. K. W. Wachter and C. E. Finch. Washington, DC: National Academies Press (US).

National Research Council (US) Panel for the Workshop on the Biodemography of Fertility and Family Behavior (2003) *Offspring: Human Fertility Behavior in Biodemographic Perspective*, ed. K. W. Wachter and R. A.

Bulatao. Washington, DC: National Academies Press (US).
Newton, G. (2011) *Family Reconstitution in an Urban Context: Some Observations and Methods*. Technical Report, University of Cambridge, CWPESH No. 12. Minor revisions Jan. 2013.
Dublin, L., and Lotka, A. (1925) On the true rate of natural increase. *Journal of the American Statistical Association*, 20(151): 305-39.
Bocquet-Appel, J. P. (2002) Paleoanthropological traces of Neolithic demographic transition. *Current Anthropology*, 43: 638-50.
Hauser, P. M., and Duncan, O. D. (1959) *The Study of Population: An Inventory and Appraisal*. Chicago: University of Chicago Press.

## 第十章——人口政策與未來挑戰

Department of Economic and Social Affairs Population Division (2013) *World Population Policies*. <http://www.un.org/en/development/desa/population/ publications/pdf/policy/WPP2013/wpp2013.pdf>.
United Nations, Department of Economic and Social Affairs, Population Division (2015) *World Population Prospects: The 2015 Revision*. Accessed 10 May 2017.

# 延伸閱讀

Bloothooft, G., Christen, P., Mandemakers, K., Schraagen, M. (eds) (2016) *Population Reconstruction*. Berlin: Springer.

Dyson, T. (2010) *Population and Development: The Demographic Transition*. London: Zed Books.

Harper. S. (2016) *How Population Change Will Transform Our World*. Oxford: Oxford University Press.

Livi Bacci, M. (2012) *A Concise History of World Population*. Hoboken, NJ: Wiley-Blackwell, 5th revised edition.

Livi-Bacci, M. (2017) *Our Shrinking Planet*. New York: Polity.

Longford, Nicholas T. (2008) *Studying Human Populations: An Advanced Course in Statistics*. New York: Free Press.

Mayhew, R. (2014) *Malthus: The Life and Legacies of an Untimely Prophet*. Cambridge, Mass.: Harvard University Press.

Malthus, T. (2012) *An Essay on the Principle of Population*. York: Empire Books.

Poston, S., Dudley L., and Micklin, M. (eds) (2005) *Handbook of Population*. Berlin: Springer.

Rowland, D. T. (2003) *Demographic Methods and Concepts*. Oxford: Oxford University Press.

Tesárková, K. H., and Kurtinová, O. (2017) *Lexis in Demography*. Berlin:

Springer.
United Nations, Department of Economic and Social Affairs, Population Division (2015) *World Population Prospects*.
Wachter, K. W. (2014) *Essential Demographic Methods*. Cambridge, Mass.: Harvard University Press.

左岸科學人文　397

# 人口學 牛津非常短講016

Demography A Very Short Introduction

作　　者　莎拉・哈波（Sarah Harper）
譯　　者　李祐寧
審　　定　葉高華
總 編 輯　黃秀如
責任編輯　林巧玲
特約編輯　劉佳奇
行銷企劃　蔡竣宇
封面設計　日央設計

出　　版　左岸文化／左岸文化事業有限公司
發　　行　遠足文化事業股份有限公司（讀書共和國出版集團）
　　　　　231新北市新店區民權路108-2號9樓
電　　話　（02）2218-1417
傳　　真　（02）2218-8057
客服專線　0800-221-029
E-Mail　rivegauche2002@gmail.com
左岸臉書　facebook.com/RiveGauchePublishingHouse
法律顧問　華洋法律事務所　蘇文生律師
印　　刷　呈靖彩藝有限公司
初版一刷　2025年6月

定　　價　400元
ISBN　978-626-7462-62-1（平裝）
　　　　　978-626-7462-63-8（EPUB）


人口學：牛津非常短講. 16／
莎拉・哈波（Sarah Harper）著；李祐寧譯.
－初版.－新北市：左岸文化：遠足文化事業股份有限公司發行，2025.06
　面；　公分.（左岸科學人文；397）
譯自：Demography : a very short introduction
ISBN 978-626-7462-62-1（平裝）
1.CST: 人口學
542.1　　　　114005579